O DIREITO SOCIAL E A ASSISTÊNCIA SOCIAL NA SOCIEDADE BRASILEIRA:
uma equação possível?

EDITORA AFILIADA

Dados Internacionais de Catalogação na Publicação (CIP)
(Câmara Brasileira do Livro, SP, Brasil)

Rojas Couto, Berenice
O direito social e a assistência social na sociedade brasileira : uma equação possível? / Berenice Rojas Couto. — 4. ed. — São Paulo : Cortez, 2010.

Bibliografia.
ISBN 978-85-249-1970-1

1. Assistência social - Brasil 2. Direito social - Brasil 3. Sociedade - Brasil I. Título.

04-6323   CDD-361.30981

Índices para catálogo sistemático:

1. Brasil : Assistência social e direito social :
   Bem-estar social   361.30981
2. Brasil : Direito social e assistência social :
   Bem-estar social   361.30981

Berenice Rojas Couto

O DIREITO SOCIAL E A ASSISTÊNCIA SOCIAL NA SOCIEDADE BRASILEIRA:
uma equação possível?

4ª edição
6ª reimpressão

O DIREITO E A ASSISTÊNCIA SOCIAL NA SOCIEDADE BRASILEIRA: uma equação possível?
Berenice Rojas Couto

Conselho editorial: Ademir Alves da Silva, Dilséa Adeodata Bonetti, Maria Lúcia Carvalho da Silva, Maria Lúcia Silva Barroco e Maria Rosângela Batistoni

Capa: DAC
Revisão: Maria de Lourdes de Almeida
Edição digital de textos: Sylmara Beletti
Preparação de originais: Ana Maria Barbosa
Composição: Linea Editora Ltda.
Assessoria editorial: Elisabete Borgianni
Secretaria editorial: Flor Mercedes Arriagada
Coordenação editorial: Danilo A. Q. Morales

Nenhuma parte desta obra pode ser reproduzida ou duplicada sem autorização expressa da autora e do editor.

© 2004 by Autora

Direitos para esta edição
CORTEZ EDITORA
Rua Monte Alegre, 1074— Perdizes
05014-001 — São Paulo - SP
Tel.: (11) 3864-0111   Fax: (11) 3864-4290
E-mail: cortez@cortezeditora.com.br
www.cortezeditora.com.br

Impresso no Brasil — junho de 2017

À memória de minha mãe, Rosina, presença constante em todas minhas conquistas.

A todas(os) assistentes sociais que fazem do seu espaço de trabalho um *locus* pela ampliação dos direitos sociais.

Agradecimentos

É hora de fazer valer o sentido do esforço que se traduz pela apresentação do produto final. Sem a participação de muitas pessoas, ele não seria possível. Nomear algumas é fundamental. Restabelece e reafirma a forte corrente que amarra o fio condutor de uma trajetória que só foi possível porque elas existiram.

Agradeço ao professor doutor Carlos Nelson dos Reis, por sua generosidade, crença sempre presente na minha capacidade, por ter partilhado o seu saber e valorizado sempre o meu.

À professora doutora Marilda Iamamoto, que, por ofício, escolheu ensinar a todos nós, luminosidade essencial para o Serviço Social, e pela grandeza de figura humana que é.

Ao professor doutor Sergio Antonio Carlos, parceria fundamental de muitas lutas, sempre presente nas minhas incursões acadêmicas.

Ao professor doutor Hans Flickinger, pelas contribuições tão importantes no desafio de construir esta obra.

As professoras doutoras Maria Carmelita Yazbek e Maria Lúcia Martinelli, pelo estímulo, presenças importantes na minha trajetória profissional.

A amiga, assistente social e mestre Elizabete Borgiani, com quem, há um longo tempo, tenho compartilhado o sonho da construção de um novo mundo.

À direção da Faculdade de Serviço Social, em especial ao professor doutor Jairo Melo Araújo e à professora doutora Jussara Maria Rosa Mendes, pelo apoio, disponibilidade e aposta na minha vida acadêmica.

Ao corpo docente e discente e funcionários da Faculdade de Serviço Social, laboratório privilegiado de minha formação profissional.

À professora assistente social Juliane Feix Peruzzo, amiga querida, indispensável presença nos caminhos que tenho percorrido, pelo apoio, opinião abalizada e pela riqueza que é tê-la por perto.

Aos colegas do Núcleo de Estudos em Política e Economia Social (Nepes), pelo convívio solidário e de respeito acadêmico, pelo cuidado com que leram e opinaram sobre essa produção.

Ao Colegiado CFESS/CRESS, que, desde 1989, foi o espaço fundamental para minha formação política.

Às queridas companheiras da gestão CFESS 1993-96, Ana Ligia Gomes, Ana Mourão, Beatriz Augusto de Paiva, Genilda Leão e Luziele Tapajós, parceiras indispensáveis na construção dessa trajetória.

Aos doutores Alfeu Bisaque Pereira, Paulo Antonio Montenegro Barbosa e Jorge Buchabqui, pela presteza e contribuição com a bibliografia jurídica, tão importante para essa produção.

Aos colegas da Prefeitura Municipal de Porto Alegre, da Coordenação de Desenvolvimento (CDES) da Secretaria Municipal de Administração e da Equipe de Desenvolvimento (ED) da Secretaria Municipal de Saúde, pela aposta constante no meu trabalho, pelo companheirismo e pela vivência do espaço público comprometido com os direitos.

À querida amiga professora Vera Maria Barreto Barbosa, a quem devo o incentivo constante, a infra-estrutura e o apoio sempre generoso ao meu projeto.

À minha família uruguaia, Oscar, Susana, Daniela, Ximena, Paulo e Max, por acompanharem minha trajetória, torcendo muito e vibrando sempre com minhas realizações.

E, por fim, à minha querida irmã Inez, aos meus irmãos Rubens, Renato e Paulo; ao meu cunhado Alfeu e às minhas cunhadas, Vanira, Thais e Eliane; aos meus sobrinhos, Marcelo, Vanessa, Mariana, Natália, Guilherme, Bianca, Thiago e Bernardo, que solidariamente abdicaram da minha presença e mantiveram sempre a torcida por este momento, que, com certeza, será saboreado como nosso.

Sumário

Lista de Quadros 11

Lista de Tabelas 13

Lista de Siglas 15

Prefácio 19
  Marilda Iamamoto

Introdução 29

Capítulo 1. Direitos sociais: sua construção na sociedade contemporânea 33
  1. O reconhecimento dos direitos sociais na ótica liberal 38
  2. De direitos civis a direitos sociais: marcos de conquistas 46
     2.1. O processo de juridificação dos direitos civis, políticos e sociais 53
  3. O papel do Estado na efetivação dos direitos 58
     3.1. O estado liberal e os direitos na ótica individual 61
     3.2. O estado social e a presença dos direitos sociais 64
     3.3. A crise do estado social e a ofensiva neoliberal: a desregulamentação dos direitos 69

Capítulo 2. A construção dos direitos civis, políticos e sociais no Brasil: trajetória social e jurídica 75
  1. A trajetória brasileira e a construção dos direitos civis, políticos e sociais 76

2. O Brasil de 1930 a 1964: a presença da legislação social na área trabalhista 93

3. O Brasil de 1964 a 1985: do cerceamento dos direitos à abertura democrática 119

Capítulo 3. O direito social, a Constituição de 1988 e a seguridade social: do texto constitucional à garantia da assistência social 139

1. O Brasil de 1985 a 1999: a construção da Constituição de 1988 e o sistema de proteção social brasileiro 141

  1.1. O processo constituinte e a seguridade social: afirmação de direitos? 154

2. Direito social e assistência social: uma contradição em processo ou um processo em contradição? 161

  2.1. A política de assistência social no Brasil: campo do direito social? 168

  2.2. A juridificação da assistência social: expressão da sua contradição no campo do direito social 171

  2.3. A vigência da Loas e os mecanismos para a implementação da lei 177

Conclusão 183

Bibliografia 189

Lista de Quadros

Quadro 1 — Classificação dos direitos segundo a respectiva geração ... 36
Quadro 2 — Sistematização cronológica das conquistas dos direitos segundo o ano e o país de origem 50
Quadro 3 — A Constituição brasileira de 1891 e as identificações dos direitos civis, políticos e sociais 91
Quadro 4 — A Constituição brasileira de 1934 e as identificações dos direitos civis, políticos e sociais 99
Quadro 5 — A Constituição brasileira de 1937 e as identificações dos direitos civis, políticos e sociais 101
Quadro 6 — A Constituição brasileira de 1946 e as identificações dos direitos civis, políticos e sociais 106
Quadro 7 — Síntese cronológica dos governos brasileiros, segundo o governante e características — 1930-64 115
Quadro 8 — Sistema de proteção social no Brasil: periodização e transformação — 1930-64 118
Quadro 9 — Síntese cronológica dos governos brasileiros, segundo o governante e características — 1964-85 121
Quadro 10 — A Constituição brasileira de 1967 e as identificações dos direitos civis, políticos e sociais 125
Quadro 11 — A Constituição brasileira de 1969 e as identificações dos direitos civis, políticos e sociais 126
Quadro 12 — Sistema de proteção social no Brasil: periodização e transformação — 1964-85 129
Quadro 13 — Síntese cronológica dos governos brasileiros, segundo o governante e características — 1985-99 143

Quadro 14 — Sistema de proteção social no Brasil: periodização e
transformação — 1985-88 152

Quadro 15 — A Constituição brasileira de 1988 e as identificações dos
direitos civis, políticos e sociais 157

Quadro 16 — Síntese dos direitos e dos programas sociais vinculados
ao campo da assistência social no Brasil — 1934-88 163

Lista de Tabelas

Tabela 1 — Salário mínimo real e nominal no Brasil — 1952-61 111
Tabela 2 — Participação da População Economicamente Ativa Rural e Urbana no total da PEA brasileira — 1950-85 (%) 113

Lista de Siglas

Abess	Associação Brasileira de Escolas de Serviço Social
ABI	Associação Brasileira de Imprensa
AI	Ato Institucional
AI-5	Ato Institucional nº 5
Anas	Associação Nacional de Assistentes Sociais
Anasselba	Associação Nacional de Empregados da Legião Brasileira de Assistência
AP	Ação Popular
Arena	Aliança Renovadora Nacional
Bird	Banco Interamericano de Desenvolvimento
BNH	Banco Nacional de Habitação
BPC	Benefício de Prestação Continuada
CAPs	Caixas de Aposentadoria e Pensão
CBIA	Centro Brasileiro para a Infância e a Adolescência
Ceam	Centro de Estudos Avançados Multidisciplinar
Cedeps	Centro de Documentação e Pesquisa em Política Social e Serviço Social
Ceme	Central de Medicamentos
Cepal	Comissão Econômica para a América Latina
CFAS	Conselho Federal de Assistentes Sociais
CFESS	Conselho Federal de Serviço Social
CGT	Central Geral dos Trabalhadores
CLT	Consolidação das Leis Trabalhistas

CNAS	Conselho Nacional de Assistência Social
CNBB	Conferência Nacional dos Bispos do Brasil
Cohab	Companhia de Habitação
Consea	Conselho de Segurança Alimentar
Contag	Confederação dos Trabalhadores na Agricultura
CPOS	Comissão Permanente das Organizações Sindicais
Cress	Conselho Regional de Serviço Social
CUT	Central Única dos Trabalhadores
Dataprev	Empresa de Processamento de Dados da Previdência Social
ECA	Estatuto da Criança e do Adolescente
ESG	Escola Superior de Guerra
EUA	Estados Unidos da América
Febem	Fundação Estadual do Bem-Estar do Menor
FEE	Fundação de Economia e Estatística
FGTS	Fundo de Garantia por Tempo de Serviço
Ficam	Programa de Financiamento da Construção, Conclusão e Ampliação
Finsocial	Fundo de Investimento Social
FMI	Fundo Monetário Internacional
FPAS	Fundo de Previdência e Assistência Social
Funabem	Fundação Nacional do Bem-Estar do Menor
Funrural	Fundo de Assistência ao Trabalhador Rural
IAPB	Instituto de Aposentadoria e Pensão dos Bancários
IAPC	Instituto de Aposentadoria e Pensão dos Comerciários
IAPI	Instituto de Aposentadoria e Pensão dos Industriários
IAPM	Instituto de Aposentadoria e Pensão dos Marítimos
IAPs	Institutos de Aposentadoria e Pensões
IBGE	Fundação Instituto Brasileiro de Geografia e Estatística
Inan	Instituto Nacional de Alimentação e Nutrição
Inamps	Instituto Nacional de Assistência Médica da Previdência Social
Inesc	Instituto de Estudos Socioeconômicos
INPS	Instituto Nacional de Previdência Social
Ipase	Instituto de Aposentadoria dos Servidores Civis

Ipea	Instituto de Pesquisa Econômica Aplicada
LBA	Legião Brasileira de Assistência
Loas	Lei Orgânica da Assistência Social
LOPS	Lei Orgânica da Previdência Social
MBES	Ministério do Bem-Estar Social
MDB	Movimento Democrático Brasileiro
Mobral	Movimento Brasileiro de Alfabetização de Adultos
MP	Medida Provisória
MST	Movimento dos Sem-Terra
Nepes	Núcleo de Estudos em Política e Economia Social
Neppos	Núcleo de Pesquisas em Políticas Sociais
OAB	Ordem dos Advogados do Brasil
ONGs	Organizações Não-Governamentais
ONU	Organização das Nações Unidas
Paie	Programa de Atendimento Integral ao Escolar
Pasep	Programa de Formação de Patrimônio do Servidor Público
PAT	Programa de Alimentação do Trabalhador
PC do B	Partido Comunista do Brasil
PCA	Programa de Complementação Alimentar
PDS	Partido Democrático Social
PDT	Partido Democrático Trabalhista
PEA	População Economicamente Ativa
Petrobras	Petróleo Brasileiro S/A
Piass	Programa de Interiorização das Ações em Saúde e Saneamento
PIB	Produto Interno Bruto
PIS	Programa de Integração Nacional
Planhab	Plano Nacional de Habitação
PMDB	Partido Movimento Democrático Brasileiro
PNAE	Programa Nacional de Alimentação Escolar
PNLCC	Programa Nacional de Leite para Crianças Carentes
PNS	Plano Nacional de Saneamento
PP	Partido Popular
Proflurb	Programa de Financiamento de Lotes Urbanizados

Promorar	Programa de Erradicação da Sub-habitação
Pronam	Programa Nacional de Alimentação e Nutrição para o Grupo Materno-Infantil
Prorural	Programa de Assistência ao Trabalhador Rural
PSA	Programa de Suplementação Alimentar
PSB	Partido Socialista Brasileiro
PSD	Partido Social Democrata
PT	Partido dos Trabalhadores
PTB	Partido Trabalhista Brasileiro
PUA	Pacto de Unidade e Ação
PUC-SP	Pontifícia Universidade Católica de São Paulo
PUI	Pacto de Unidade Intersindical
Salte	Saúde, Alimentação, Transporte e Energia
Seac	Secretaria Especial de Ação Comunitária
Sinpas	Sistema Nacional de Previdência e Assistência Social
Suds	Sistema Unificado e Descentralizado de Saúde
SUS	Sistema Único de Saúde
TCU	Tribunal de Contas da União
UDN	União Democrática Nacional
UFRJ	Universidade Federal do Rio de Janeiro
UnB	Universidade de Brasília
UNE	União Nacional dos Estudantes
Unicamp	Universidade de Campinas
URSS	União das Repúblicas Socialistas Soviéticas

Prefácio

Vivemos uma época de regressão de direitos e destruição do legado das conquistas históricas dos trabalhadores, em nome da defesa quase religiosa do mercado e do capital, cujo reino se pretende a personificação da democracia, das liberdades e da civilização. A mistificação inerente ao capital, enquanto relação social alienada que monopoliza os frutos do trabalho coletivo, obscurece a fonte criadora que anima o processo de acumulação em uma escala exponencial no cenário mundial: o universo do trabalho. Intensifica-se a investida contra a organização coletiva de todos aqueles que, destituídos de propriedade, dependem de um lugar nesse mercado, cada dia mais restrito e seletivo, que lhes permita produzir o equivalente a seus meios de vida. Crescem, com isso, as desigualdades de todos os naipes e, com elas, o contingente de destituídos de direitos civis, políticos e sociais. Esse processo é potenciado pelas orientações (neo)liberais, que capturam os Estados nacionais, erigidas, pelos poderes imperialistas, como caminho único para animar o crescimento econômico, cujo ônus recai sobre as grandes maiorias.

Este cenário avesso aos direitos atesta, contraditoriamente, a urgência do seu debate. Um debate que considere as condições sociohistóricas que explicam os direitos enquanto conquistas e/ou concessões do poder, a trajetória de sua formalização na legislação constitucional no país e os dilemas de sua efetivação na prática social. É no lastro dessas preocupações que se constrói o livro de Berenice Rojas Couto, *O direito social e a assistência social na sociedade brasileira: uma equação possível?*

Inicialmente formulado como tese de doutorado, apresentada à Coordenação do Programa de Pós-Graduação em Serviço Social da Pontifícia Universidade Católica do Rio Grande do Sul, o presente livro propõe-se a "tratar a trajetória dos direitos civis, políticos e sociais na sociedade brasileira, articulados aos processos sociohistóricos que explicam esses direitos e esclarecem seus alicerces em nossa sociedade", com destaque para o direito à assistência social, considerada o "solo de inserção do trabalho dos assistentes sociais".

A argumentação parte do suposto de que os direitos — seja na sua formulação legal, seja na sua materialidade — são essencialmente históricos e reveladores das relações estabelecidas entre o Estado e a sociedade nos distintos países, sujeitos a particulares condições políticas, econômicas e culturais. Os direitos, como "expressão de um patamar de sociabilidade", estão situados em um campo essencialmente político, porque são resultantes do embate de interesses e ações dos sujeitos sociais. Envolvem lutas por espaços de poder e, como "estratégias de enfrentamento das desigualdades sociais", forjam-se em um campo essencialmente contraditório. A existência de garantias legais não se traduz imediatamente em garantia de direitos sociais efetivos, derivando daí a indagação central que norteia este livro: "Como fazer valer os compromissos elencados na forma da lei, resultados de embates vigorosos das sociedades e que garantam os direitos sociais?".

Nesse campo de preocupações, privilegia a política da *assistência social* — última política de direito regulamentada no país no campo da seguridade social —, dotada de uma dimensão heurística, para "compreender como foram concebidos e gestados os direitos; decifrar as heranças presentes na sua efetivação e refletir sobre os desafios na construção de um sistema de proteção social na ótica da cidadania".

A originalidade na abordagem, ancorada no tratamento integrado dos direitos civis, políticos e sociais no percurso histórico do país, não tem similar na literatura especializada. Permite uma visão de conjunto do processo de constituição do estatuto da cidadania e de seu alcance para os sujeitos de direitos. É este o caminho percorrido para responder à *indagação central*: direito social e assistência social na sociedade brasileira formam uma equação possível?

A exposição efetuada permite uma visualização integrada da construção dos direitos civis, políticos e sociais na seqüência histórica das Cartas Constitucionais do país com respaldo na dinâmica sociohistórica que atribui inteligibilidade à legislação e à sua orientação social. O estilo é direto, sintético e objetivo. O texto prima pela clareza na exposição e sistematização dos dados. As categorias privilegiadas para análise se repõem, com coerência, no decurso do desenvolvimento do tema, permitindo comparações ao longo da história.

O livro encontra-se organizado em três capítulos. O primeiro estabelece as balizas teóricas sobre os direitos civis, políticos e sociais: o processo de sua construção na sociedade contemporânea, sua expansão e adensamento. Considera a análise dos direitos no pensamento liberal e na ótica do Estado social, com especial destaque para o papel do Estado na efetivação dos direitos. O segundo capítulo destaca a particular trajetória da construção dos direitos civis, políticos e sociais no Brasil, em função da formação socioeconômica e da cultura política brasileira. E o terceiro capítulo aborda as novas configurações dos direitos sociais a partir da Constituição de 1988, com destaque para a assistência como política de direito social no âmbito da seguridade social.

A escolha das fontes de pesquisa — consubstanciadas na legislação e nos sistemas de proteção social — mostrou-se um recurso fecundo para identificar, na linha do tempo, a constituição e evolução dos direitos no marco das configurações do Estado e da sociedade nas várias conjunturas históricas. O desenvolvimento do tema alicerça-se, também, em um conjunto seletivo de intérpretes autorizados e polêmicos sobre o pensamento político clássico e contemporâneo — embora se note a ausência de um tratamento direto das fontes clássicas —, e em pesquisadores reconhecidos.

Ao discutir a construção dos direitos na sociedade contemporânea, a autora salienta o embate entre a visão dos jusnaturalistas — que consideram ser a natureza humana detentora de direitos — e a concepção histórica dos direitos, em que estes são apreendidos como resultantes das lutas que os homens travam por sua emancipação, sendo esta última abordagem a norteadora das reflexões. A autora trata dos direitos de primeira geração, os direitos civis e políticos (séculos XVIII e XIX), que têm por fundamento a liberdade; os de segunda geração, os direitos sociais (século XX) apoiados na idéia de igualdade; e os de terceira geração (séculos XX e XXI) — o direito ao desenvolvimento, à paz, ao meio ambiente e à autodeterminação dos povos — ancorados na idéia da solidariedade.

O tratamento teórico dos direitos estabelece um diálogo com concepção liberal e com a perspectiva keynesiana que informa o Estado social. Sendo função do Estado produzir, instituir e distribuir bens e serviços (Pereira[1]), as respostas aos direitos se materializam em políticas sociais, em um arco de tensão entre *concessão e conquista. Concessão*, para manter a acumulação e reproduzir a força de trabalho (Coimbra[2]); e *conquista*, como campo contraditório em que as demandas dos trabalhadores e sua disputa por ampliar direitos ganham visibilidade (Vieira[3]).

Todavia a autora parte de uma noção de cidadania para além dessas vertentes analíticas, assim como do estudo clássico de Marshall.[4] Apoiada em Coutinho,[5] ela considera a cidadania como capacidade de alguns indivíduos ou de todos os indivíduos (no caso de uma democracia efetiva) de se apropriarem dos bens socialmente produzidos, de atualizarem as potencialidades de realização humana, abertas pela vida social em cada contexto historicamente determinado. Nessa concepção abrangente, a democracia inclui a socialização da economia, da política e da cultura na direção da emancipação humana.

Na trajetória da construção dos direitos no Brasil, o texto salienta, nesse processo, a determinação de elementos fundamentais da formação histórica brasileira, enraizados na herança colonial: a escrava-

---

1. Pereira, P. "A questão do bem-estar do menor no contexto da política social brasileira". *Serviço Social & Sociedade n. 27*. São Paulo, Cortez, out. 1998.

2. Coimbra, M. A. "Será que o marxismo responde à pergunta de como surgem as políticas sociais?" In: ABRANCHES, S. H. *et al. Política social e combate à pobreza*. Rio de Janeiro, Zahar, 1987.

3. Vieira, E. *Estado e miséria no Brasil: De Getúlio a Castelo*. 4. ed. São Paulo, Cortez, 1995.

4. Marshall, T. H. *Cidadania, classe social e* status. Rio de Janeiro, Zahar, 1967.

5. Coutinho, C. N. *Contra a corrente. Ensaios sobre democracia e socialismo*. São Paulo, Cortez, 2000.

tura, a grande propriedade territorial e as relações de poder, apoiadas nas relações de dependência pessoal, no compadrio e na ideologia do favor. Essa herança favorece o cultivo dos interesses privados, inclusive o uso privado de recursos públicos, impeditivos da constituição de uma cidadania sólida e universal. Esses traços — o trabalho escravo, a grande propriedade territorial e o patrimonialismo — contribuem para uma particular formação da burguesia brasileira, distinta da européia, cujo embate deu-se com o feudalismo e o absolutismo. Aquela herança condiciona ainda o horizonte político-cultural da burguesia brasileira e uma peculiar feição do liberalismo no país, o que já foi acentuado por vários estudiosos como Fernandes[6] e Viotti da Costa.[7] Na Constituição de 1924, as idéias liberais andam de braços dados com a escravidão, aquelas idéias restritas aos interesses comerciais internacionais, enquanto nas relações internas predominam o favor, as relações de dependência e submissão. Soldam-se relações autoritárias e conservadoras no âmago das relações societárias — com forte opressão econômica sobre as camadas populares e restrições à livre expressão política dos inconformismos presentes —, encobertas por uma fachada liberal, em que o Estado teve um papel decisivo.

Essa cultura política não foi inteiramente superada, apesar das lutas por direitos. Segundo Chaui,[8] a cultura neoliberal cai como uma luva em nossa tradição político-cultural, fazendo emergir um de seus traços mais conservadores: o predomínio do interesse privado sobre todas as coisas em detrimento dos interesses públicos, afetando a constituição da esfera pública. Essa análise mostra-se decisiva, inclusive, para se compreender a dificuldade — também da esquerda — de tratar a política de assistência social como uma política de direitos, mantendo-a aprisionada à ótica do assistencialismo, do favor e da concessão.

---

6. Fernandes, F. *A revolução burguesa no Brasil. Ensaios de interpretação sociológica*. Rio de Janeiro, Zahar, 1975.

7. Voitti da Costa, E. *Da Monarquia à República. Momentos decisivos*. São Paulo, Grijalbo, 1977.

8. Chaui, M. "Raízes teológicas do populismo no Brasil: a teocracia dos dominantes, messianismo dos dominados". In: Dagnino. A. (org.). *Anos 90: política e sociedade no Brasil*. São Paulo, Brasiliense, 1995.

Outra particularidade importante, que o presente livro destaca, é a precedência e proeminência dos direitos sociais sobre os direitos civis e políticos no Brasil, considerando a herança populista e os ciclos ditatoriais vividos. Tem-se aqui uma inversão nas "gerações" dos direitos, em que os direitos sociais precedem os demais, ainda que restritos ao trabalho urbano formal, conformando o que já foi anunciado como "cidadania regulada".[9] Suas raízes encontram-se na era varguista, quando se constrói um sistema de proteção social de tipo "conservador e meritocrático particularista", que privilegia certas categorias em detrimento de outras, a partir da posição ocupacional e dos rendimentos. O caso mais exemplar é o dos trabalhadores rurais. Ainda que a maioria da população até 1960 estivesse no campo, dispondo de um peso significativo em relação à população urbana até a década de 1970, os trabalhadores rurais só são efetivamente integrados ao sistema de proteção social, em igualdade de condições com os trabalhadores urbanos, a partir da Carta Constitucional de 1988. Por outro lado, os direitos políticos — como a liberdade de associação e o direito de greve — só comparecem tardiamente na Constituição de 1946, sendo mantidas restrições, ao longo da história, ao voto dos analfabetos, só eliminadas em 1988.

Os direitos civis e políticos são sujeitos a movimentos de restrição e expansão em função dos ciclos de democracia e ditadura, que demarcam a nossa história de "modernização conservadora" ou "pelo alto", com forte exclusão das maiorias nas grandes decisões nacionais, configurando uma "democracia restrita" nos termos de Florestan Fernandes.[10] Na ditadura militar de 1964, os direitos civis foram os mais afetados, restringidos os direitos políticos, ainda que se constate a expansão das medidas sociais, conforme mostra a autora. Enfim, a história brasileira no campo dos direitos expressa a tensão presente no país entre desenvolvimento socioeconômico desigual e democracia restrita, mantendo desigualdades persistentes, que se ampliam e se aprofundam, radicalizando e redimensionando a "questão social"

---

9. Santos, W. G. *Cidadania e justiça*. Rio de Janeiro, Campus, 1977.

10. Fernandes, F. *A revolução burguesa no Brasil. Ensaios de interpretação sociológica. Op. cit.*

nas várias conjunturas históricas. Em outros termos, verifica-se a tensão entre crescimento econômico, cidadania política definhada e desigualdade social crescente, que resulta em dilemas muito particulares para a consolidação da cidadania e dos direitos.

A autora destaca, nas décadas de 1980 e 1990, os avanços político-sociais formalizados na transição dos governos militares à ordem democrática. Mas o *marco decisivo* no campo dos direitos sociais foi o *processo constituinte e a Carta Constitucional de 1988*. Ela institui, no seu Art. 204, a *seguridade social* como uma unidade de diferenças, fundada no tripé formado pelas políticas de: *saúde*, direito de todos e dever do Estado; *previdência*, devida mediante contribuição, e *assistência social*, prestada a quem dela necessitar, independente de contribuição. Esta última política apresenta-se genérica na atenção e específica nos destinatários, particularista — porque voltada ao atendimento de necessidades básicas —, "desmercadorizável" e universal ao incluir segmentos excluídos de outras políticas, serviços e direitos.

A regulamentação na Lei Orgânica de Assistência Social — Loas — (Lei nº 8.742/93), realizada tardiamente no governo Itamar Franco, estabelece, no seu Art. 1º:

> "A assistência social, como direito do cidadão e dever do Estado, é política de seguridade social não contributiva, que provê os mínimos sociais, realizada através de um conjunto integrado de ações de iniciativa pública e da sociedade, para garantir o atendimento das necessidades básicas."[11]

De forma inovadora a Loas prevê a proteção à família, à maternidade, à infância, à adolescência e à velhice; o amparo às crianças e adolescentes carentes; a promoção da integração ao mercado de trabalho; a habilitação e reabilitação de pessoas portadoras de deficiência e promoção de sua integração à vida comunitária; além da garantia de um salário mínimo de benefício mensal ao portador de deficiência e aos idosos que comprovem não possuir meios de prover a

---

11. Brasil. "Lei Orgânica da Assistência Social". In: *Assistente social: ética e direitos. Coletânea de leis e resoluções*. Rio de Janeiro, Cress. 7ª Região, 2000, pp. 196-217.

própria subsistência ou tê-la provido por sua família. Os princípios e diretrizes[12] que norteiam essa política têm o mérito de desvincular a contribuição da prestação dos serviços, priorizando as necessidades sociais sobre a rentabilidade econômica, "o que não encontra precedente nem na legislação social, nem nos projetos políticos explicitados no Brasil", como sustenta a autora. A primazia do Estado, frente às entidades privadas e filantrópicas, na responsabilidade da condução dessa política é também inédita na sociedade brasileira.

O leitor encontrará na leitura deste livro um balanço crítico sobre os impasses da implementação da lei, os quais "só serão visíveis, se os espaços de participação e controle democrático forem assumidos pela população e transformados em garantidores desses direitos", na disputa de um projeto social para o país. A conclusão da análise indica a responsabilidade da sociedade na afirmação da assistência social como um direito, na disputa pelas prioridades orçamentárias para a sua viabilização e na superação da cultura assistencialista herdada. "Assim a assistência social começará a ser inscrita como direito social produzido por uma participação ativa da população, com um Poder Executivo responsável e permeado por um controle social que definirá caminhos a serem percorridos pela política". São estas as trilhas indicadas para compatibilizar assistência e direito social.

Neste livro, a professora Berenice Couto realiza uma feliz integração entre a pesquisa teórica e uma rica experiência acumulada ao longo de sua vida profissional na luta pela afirmação dos direitos, na qual destaca-se a sua participação ativa no processo de regulamentação da Lei Orgânica de Assistência Social (Loas), como presidente do

---

12. Art. 4º. A assistência social rege-se pelos seguintes princípios: I. Supremacia do atendimento às necessidades sociais sobre as exigências de rentabilidade econômica; II. Universalização dos direitos sociais, a fim de tornar o destinatário da ação assistencial alcançável pelas demais políticas públicas; III. Respeito à dignidade do cidadão, à sua autonomia e ao seu direito a benefícios e serviços de qualidade, bem como à convivência familiar e comunitária, vedando-se qualquer comprovação vexatória de necessidade; IV. Igualdade de direitos no acesso ao atendimento, sem discriminação de qualquer natureza, garantindo-se a equivalência às populações urbanas e rurais; V. Divulgação ampla de benefícios, serviços e programas e projetos assistenciais, bem como dos recursos oferecidos pelo Poder Público e dos critérios de sua concessão".

O DIREITO SOCIAL E A ASSISTÊNCIA SOCIAL...

Conselho Federal de Serviço Social (Cfess). Assim, as preocupações presentes no texto são também parte de uma luta coletiva dos assistentes sociais pela construção e qualificação de mecanismos públicos que materializem a política de assistência social como direito social.

Estamos diante de uma profissional que é referência no Serviço Social brasileiro, uma assistente social e docente que realiza sólida articulação entre competência no exercício profissional, zelo pelos compromissos ético-políticos que impregnam suas ações e relações sociais cotidianas e a permanente indagação e crítica que movem o conhecimento e a pesquisa. Berenice — com sua firmeza, seu estilo direto e transparente, respeito aos interlocutores e um radical sentido coletivo — é alguém que agrega e ilumina. Lorca indagava: "Mas o que são as estrelas? São as luzes que levamos sobre nossas cabeças".[13] E aqui estamos diante de alguém que contribui para irradiar luzes ao seu redor e criar elos entre as pessoas. O seu trabalho também traz um feixe de luz ao debate sobre os direitos sociais na sociedade brasileira e os dilemas de sua materialização, com especial foco na política pública de assistência social.

Existem momentos especiais na vida de todos nós. Participar da banca examinadora da tese da professora Berenice R. Couto certamente foi um deles. Agradeço à Berenice e ao professor doutor Carlos Nelson Reis, responsável pela orientação segura e competente deste trabalho, essa feliz oportunidade.

Berenice é uma amiga querida, descoberta nas lutas profissionais, há mais de dez anos. Nesse lapso de tempo, cultivamos uma amizade generosa e fraterna, que tece e enriquece a vida. Por tudo isso, foi com imenso prazer e alegria que recebi o convite de redigir estas notas introdutórias.

O presente livro — *O direito social e a assistência social na sociedade brasileira: uma equação possível?* — é de interesse de todos aqueles que, movidos por um profundo sentido de coletividade, buscam aliar razão

---

13. Lorca, F. G. "Os encontros de um caracol aventureiro". In: *Obra poética completa. Federico García Lorca*. São Paulo, Martins Fontes, 1996, p. 19.

e paixão pelo conhecimento à luta política pela construção coletiva de um projeto histórico de sociedade direcionado à universalização dos direitos e da democracia, à liberação do trabalho das travas da alienação, à prevalência da ética e da justiça social.

Dia Internacional do Trabalho.
Rio de Janeiro, 1 de maio de 2004.

Marilda Villela Iamamoto

Introdução

Escrever é sempre um ato solitário, mas a produção de idéias ganha sentido ao transformar-se em um ato coletivo. É nessa perspectiva que se apresenta a produção deste livro. Ela é produto de um esforço individual, que vem substanciado por uma longa trajetória, coletiva e solidária, que solda e dá sentido à produção que ora se apresenta.

Ao se inscrever no contexto das reflexões que têm como tema a questão dos direitos civis, políticos e sociais, procura pôr em evidência os processos sociohistóricos de como foram alicerçados esses direitos na sociedade brasileira, dando destaque para o campo da política de assistência social, que, por ser a última política social regulamentada no século XX, possibilita decifrar as heranças presentes na compreensão da efetivação dos direitos, especialmente os sociais. Ou seja, a forma como essa política foi incorporada no Brasil permite, além da compreensão de como foram concebidos e gestados os direitos, a reflexão sobre os desafios no sentido da construção de um sistema de proteção social que leve em consideração de fato o amplo espectro da cidadania.

Esse cenário tem sido historicamente o solo da inserção do trabalho dos assistentes sociais, que, por longo processo, interrogou a sua atuação especialmente no trato das ações da política de assistência social. Sendo assim, o tema da assistência social tem sido recorrente, nos últimos anos, nas produções teóricas do serviço social, principalmente na última década, associado à discussão da Lei Orgânica da Assistência Social (Loas), de 1993. Portanto, tem sido objeto de discussão o longo e histórico caminho percorrido por diferentes agentes sociais e políticos, para que o atendimento das necessidades sociais e básicas pudesse ser reconhecido enquanto direitos sociais, bem como o referendo da assistência social enquanto uma política social de direito, que está estabelecida nos artigos 203 e 204 da Constituição Federal do Brasil de 1988 e pela Lei n° 8.742/93, a Loas.

O núcleo metodológico desta pesquisa foi desenvolvido a partir da perspectiva histórico-crítica, pois se entende a construção da concepção da categoria direito social como produto histórico, resultado de embates na sociedade que precisam ser apontados para efetivamente ser instrumentos de cidadania. A premissa essencial desta pesquisa ancorou-se na afirmação de que "... é na história da sociedade, na prática social que se encontra a fonte dos nossos problemas e a chave de suas soluções" (Iamamoto, 1993b: 102).

Visando dar conta da problemática, fez-se necessária a utilização de procedimentos de pesquisa qualitativa, uma vez que foi a apreensão e a análise do processo investigado que possibilitaram atingir os objetivos.

Para tanto, a revisão teórica sobre direitos sociais e o papel do Estado revelou-se fundamental, buscando sinalizar os elementos essenciais para a discussão da concepção de direito social presente na sociedade brasileira.

Foram objetos deste estudo principalmente os capítulos dos Direitos Individuais e da Ordem Social das seis constituições federais a partir de 1930, os sistemas de proteção social instituídos no país e a Loas. O procedimento metodológico consistiu na análise da relação entre esses estatutos legais e os diferentes contextos e eventos da realidade do país, buscando identificar a presença da concepção e da configuração da categoria direito social.

O estudo contempla, no primeiro capítulo, uma revisão bibliográfica, onde se busca desvelar como a categoria direito social foi construída na sociedade. Ou seja, busca-se, na fundamentação teórica sobre a trajetória da constituição dos direitos civis, políticos e sociais, compreender o movimento empreendido para sedimentá-los como valores sociais.

O DIREITO SOCIAL E A ASSISTÊNCIA SOCIAL...

O segundo capítulo tem como objetivo analisar a construção do campo dos direitos no Brasil, percorrendo uma trajetória temporal desde o período colonial, com ênfase na história brasileira de 1930 até 1985. Para isso, fez-se necessário recorrer a um estudo a partir de aportes históricos sobre as características da sociedade brasileira desde a descoberta do país, onde as características do trabalho escravo, da propriedade latifundiária e de governos patrimonialistas tiveram repercussões fundamentais na formulação da concepção de direitos.

Esse capítulo obedece a uma divisão temporal que privilegia dois períodos essenciais para a compreensão da formulação no campo institucional e legal dos direitos no Brasil. O período de 1930-64 é demarcador de governos que encaminham o processo de industrialização do país, tido como o único capaz de resolver as questões de dependência econômica e de necessidades sociais da população. Do ponto de vista da juridificação, foram elaboradas três constituições na época (a de 1934, a de 1937 e a de 1946), que respondem às demandas impostas pela realidade política, social e econômica, visando consubstanciar o processo de regulação entre sociedade e governo.

A ênfase ao período que iniciou em 1930 justifica-se pela concordância dos intelectuais que discutem essa questão de que é nele que, sob a pressão dos movimentos em direção à industrialização do país, começaram a ser incorporadas, no cenário brasileiro, as legislações no campo dos direitos sociais.

O segundo período, que vai de 1964 a 1985, demarca a fase da ditadura militar e também o processo de abertura democrática, realizada a partir do governo Geisel (1974-79). Nesse período, é possível evidenciar, por meio das duas constituições promulgadas na época e do sistema institucional que fundamentou o sistema de proteção social dos governos militares, a importância que esses fatos tiveram para a consolidação do campo dos direitos no Brasil.

O movimento da sociedade brasileira para a redemocratização do país é objeto do terceiro capítulo. Nele estão contidas as condições que gestaram a Constituição Cidadã — a de 1988 — e enunciados os direitos garantidos pelo texto constitucional. Em relação à Constituição de 1988, é descrito o processo constituinte, por ter o mesmo composto uma nova forma de construção do estatuto legal, enfatizando-se a possibilidade de participação da população, não só na forma representativa. Demarcam-se os governos que se sucederam no período e o sistema de proteção que vigorou até 1999. Esses dados substanciam o aprofundamento da política de assistência social, garantida pela Constituição de 1988 e pela Loas.

A área da seguridade social é apresentada como a novidade no campo da política social brasileira, e analisa-se sua conseqüência para a formulação do texto legal da Loas. Em relação à assistência social, o estudo busca elementos para verificar como sua explicitação ocorreu, tanto no campo legal como no institucional, identificando o processo contraditório em que foram assentadas as bases da política de assistência social.

O estudo, não se pode perder de vista, tem a finalidade de, ao compreender os fatores históricos, sociais e econômicos que enfeixam essa área, ser efetivamente uma contribuição, apresentando elementos que polemizem, esclareçam e colaborem com os esforços empreendidos pelos intelectuais, pelos assistentes sociais e pela população no caminho de construir uma política social de assistência social efetivadora de direitos e, portanto, a ser buscada pelos cidadãos.

Para finalizar o estudo, apresentam-se conclusões que têm o objetivo de retomar a discussão central desta obra, ou seja: direito social e assistência social são uma equação possível?

CAPÍTULO 1
Direitos sociais: sua construção na sociedade contemporânea

A introdução dos direitos sociais como enunciadores da relação entre Estado e sociedade está vinculada a um projeto de Estado social, constituindo-se em um novo patamar de compreensão dos enfrentamentos da questão social,[1] incorporando-se às conquistas dos direitos civis e políticos. Esses direitos começaram a ser defendidos a partir dos séculos XVII e XVIII, na luta contra o absolutismo. Naquele período, as classes burguesas em ascensão lutavam contra o poder absoluto dos reis e do Estado absolutista e, por intermédio dos direitos civis, tentavam limitar o poder tanto do rei como do Estado.

Para uma adequada leitura da interpretação da trajetória da conquista dos direitos, é de fundamental importância a pontuação do tempo cronológico. Assim, de maneira geral, é percebível que: os direitos civis foram conquistas efetivadas no século XVIII; os direitos políticos, no século XIX, enquanto os direitos sociais são conquistas realizadas no século XX (Marshall, 1967). Embora a cronologia, como um

---

1. Questão social aqui entendida como: "O conjunto das expressões das desigualdades da sociedade capitalista madura, que tem uma raiz comum: a produção social é cada vez mais coletiva, o trabalho torna-se mais amplamente social, enquanto a apropriação dos seus frutos mantém-se privada, monopolizada por uma parte da sociedade" (Iamamoto, 1998: 27).

dado estanque, possa ser refutada, uma vez que a conquista dos direitos não corresponde a uma evolução linear nem no tempo nem nos países, Bobbio (1992) e Coutinho (2000) apontam a importância do estudo de Marshall, uma vez que ele vincula a presença dos direitos na sociedade à questão da cidadania, considerada como:

> "[...] capacidade conquistada por alguns indivíduos, ou (no caso de uma democracia efetiva) por todos os indivíduos, de se apropriarem dos bens socialmente criados, de atualizarem todas as potencialidades de realização humana abertas pela vida social em cada contexto, historicamente determinada". (Coutinho, 2000: 50)

Existem dois paradigmas para compreender a idéia que iluminou o movimento de conquistas de direitos. O primeiro é o defendido pelos jusnaturalistas,[2] que compreendem o campo do direito como algo inerente à condição humana, fundado numa lógica apriorística, onde a natureza humana, por si só, é detentora de direitos. O segundo, representado pela idéia de que os direitos são resultados do movimento histórico em que são debatidos, correspondendo a um homem concreto e às suas necessidades, delimitado pelas condições sociais, econômicas e culturais de determinada sociedade, pois "os direitos do homem são direitos históricos que emergem gradualmente das lutas que o homem trava por sua própria emancipação e das transformações das condições de vida que essas lutas produzem" (Bobbio, 1992: 32). São direitos estabelecidos em determinados períodos, sob determinações culturais, sociais, políticas e econômicas e referem-se ao homem concreto, aquele que vive em determinada sociedade.

Uma das formas de compreender o campo dos direitos é classificá-lo a partir da idéia de geração.[3] Assim, são considerados de primeira

---

2. A doutrina filosófica do jusnaturalismo defende a idéia de os direitos serem inerentes à condição humana. É pela natureza humana que se justifica a garantia desses direitos (Bobbio, 1992).

3. Alguns autores apontam a imprecisão do termo geração ao tratar do catálogo de direitos, cientes de que o termo, ao dar uma idéia geracional, deixa de evidenciar a dinâmica entre a construção dos direitos e a realidade objetiva das sociedades onde são enunciados. Sarlet (2001) utiliza a expressão dimensão. Aqui adota-se a terminologia geração utilizada por Pisón (1989), Bobbio (1992), Coutinho (2000) e Diaz (1989), embora concordando com a insuficiência do mesmo.

geração os direitos civis e políticos, que são conquistas ocorridas nos séculos XVIII e XIX. Esses direitos são exercidos pelos homens, individualmente, e têm como princípio opor-se à presença da intermediação do Estado para seu exercício, pois é o homem, fundado na idéia da liberdade, que deve ser o titular dos direitos civis, exercendo-os contra o poder do Estado, ou, no caso dos direitos políticos, exercê-los na esfera de intervenção no Estado.

Já os direitos de segunda geração — os direitos sociais — são exercidos pelos homens por meio da intervenção do Estado, que é quem deve provê-los. É no âmbito do Estado que os homens buscam o cumprimento dos direitos sociais, embora ainda o façam de forma individual. Esses direitos vêm se constituindo desde o século XIX, mas ganharam evidência no século XX. Ancoram-se na idéia de igualdade, que se constitui numa meta a ser alcançada, buscando enfrentar as desigualdades sociais.

Além desses direitos, desde o século XX evidenciam-se os movimentos para se reconhecer os direitos de terceira geração. Esses direitos, que são enunciados como direito ao desenvolvimento, à paz, ao meio ambiente e à autodeterminação dos povos, são fundados na idéia de solidariedade. São de natureza coletiva e também difusa, pois não é apenas o indivíduo que assume a titularidade, mas famílias, povos e nações que o requerem. E isso é feito por meio de pactos entre povos e por organismos internacionais, como a Organização das Nações Unidas (ONU).

Os direitos de terceira geração são entendidos como fruto da evolução das relações entre povos e, principalmente, como respostas a conflitos beligerantes e gerados por opressão política e/ou econômica, que trazem conseqüências que devem ser assumidas coletivamente.

As informações contidas no Quadro 1, a seguir, permitem visualizar sinteticamente a classificação dos direitos a partir da concepção de geração, bem como suas principais características.

A enunciação desses direitos é feita por meio de pactos na sociedade, que podem ser traduzidos em cartas de intenção, acordos políticos ou leis, e a sua forma e efetividade são resultados de embates,

Quadro 1
Classificação dos direitos segundo a respectiva geração

Classificação	Natureza	Fundamento	Relação/Estado	Titularidade
1ª geração: direitos civis e políticos	individual	liberdade	cunho negativo — resistência ou oposição	o indivíduo
2ª geração: direitos sociais	individual/ coletivo	igualdade	cunho positivo — direitos por intermédio do Estado	o indivíduo
3ª geração: direito ao desenvolvimento da paz, do meio ambiente e da autodeterminação dos povos	coletivos/ difusos	solidariedade	contra a ingerência do estado e particulares	famílias, povo, nação, coletividades regionais ou étnicas, humanidade

Fonte: Sistematização da pesquisadora.

onde a pressão dos grupos na sociedade e o ideário prevalente nessa sociedade têm papel preponderante.

Dois documentos são centrais no processo de elaboração e de garantia legal no campo dos direitos. São eles a Declaração dos Direitos do Homem e do Cidadão pela Assembléia Nacional Constituinte Francesa em 1789 e a Declaração Universal dos Direitos Humanos pela ONU em 1948. O século e meio que separa a divulgação dessas declarações foi permeado por movimentos sociais, elaborações de constituições e de cartas de princípios que deram dinamicidade ao campo dos direitos.

Esses dois documentos representam prerrogativas conceituais distintas. Se na declaração francesa, que foi elaborada no século XVIII na plena efervescência dos direitos civis e políticos, estão garantidos os direitos à liberdade, à propriedade, à segurança e à resistência à opressão, na declaração da ONU, que foi construída no século XX, quando os direitos sociais estavam em disputa na sociedade, são colo-

O DIREITO SOCIAL E A ASSISTÊNCIA SOCIAL...

cados no mesmo nível os direitos civis, políticos, econômicos e culturais[4] (Alves, 2000).

Esses documentos têm um relevante papel na história da humanidade e na tentativa de estabelecer princípios universalizantes no estabelecimento desses direitos no mundo. Porém é possível identificar realidades muito diversas quando se trata do estabelecimento e da garantia dos direitos, indicando que, embora constitutivo do mesmo processo, o fato de ser reconhecida a existência de um direito não garante a efetividade de seu exercício (Bobbio, 1992).

Outra questão importante no campo dos direitos e que tem sido campo de luta nas sociedades modernas refere-se a quem é portador dos mesmos, a quem eles se referem. As mulheres, os índios, as crianças e as minorias étnicas e religiosas foram incorporados como portadores de direitos somente a partir de grandes discussões, e suas inclusões deram-se em momentos diferentes, em sociedades distintas, e não de maneira homogênea e linear.

Foi com a consolidação do capitalismo, e na relação contraditória entre as demandas do capital e as dos trabalhadores que se criaram as condições objetivas para a identificação das lutas das classes trabalhadoras para ver incluído nas suas pautas de reivindicações o acesso a esses direitos. Direitos estes que vão se expandindo na medida em que determinada fatia da sociedade tem força e legitimidade para acessar a eles, pois "são direitos históricos, ou seja, nascidos em certas circunstâncias, caracterizadas por lutas em defesa de novas liberdades contra velhos poderes, e nascidos de modo gradual, não todos de uma vez e nem de uma vez por todas" (Bobbio, 1992: 5).

Os direitos, enquanto constitutivos de um patamar de sociabilidade, têm jogado papel importante na sociedade contemporânea, que, ao discuti-los, coloca em xeque as formas de relação que são estabelecidas, tornando tenso o movimento por vê-los reconhecidos em lei, protegidos pelo Estado e, mais do que isso, explicitados na vida dos sujeitos concretos.

---

4. Embora os EUA, um dos signatários do acordo, tenham demonstrado não aceitar colocar os direitos econômicos e sociais no mesmo patamar (Alves, 2000).

É certo que, principalmente a partir do século XVIII, os homens têm travado uma batalha sobre em que consistem os direitos, como identificá-los, como protegê-los e como cobrá-los. E sua assunção tem sido demarcada por movimentos contraditórios, heterogêneos e apontando estágios diferentes, conforme a realidade, os sistemas político, econômico, social e cultural. Por exemplo, se a liberdade religiosa é considerada um direito em muitos países, em alguns seria uma transgressão. Se o acesso à renda, em alguns países desenvolvidos, é considerado legítimo por meio de programas estatais, em outros esse acesso, por essa via, é considerado um entrave ao espírito empreendedor exigido pelo capitalismo.

Assim, compreender o movimento que constrói os direitos, sejam eles civis, políticos ou sociais, torna-se fundamental para pensálo como estratégia de enfrentamento das desigualdades sociais, abdicando da idéia simplista de que seus fundamentos poderiam estar determinados apenas pela lógica da manutenção da sociedade capitalista ou aprioristicamente, baseados na concepção de natureza humana e descolados do movimento social. Compreender que a criação, a negação, a expansão e a retração dos direitos são constituintes de um processo, onde participam os mais diferentes sujeitos sociais.

1. O reconhecimento dos direitos sociais na ótica liberal

É na luta contra o absolutismo, o poder do rei e da Igreja, que surge, nos séculos XVII e XVIII, o reconhecimento de que o homem é portador de direitos. Desses direitos, reconhecidos como individuais, eram portadores os homens livres e autônomos, e deviam ser exercidos contra o poder do Estado, sendo produto de uma sociedade conformada pelo ideário liberal.

O liberalismo, enquanto referencial teórico, surgiu na Inglaterra, na luta da Revolução Gloriosa[5] de 1688 contra Jaime II. Os objetivos

---

5. A revolução contra Jaime II foi chamada de Gloriosa, pois dela resultaram a criação de um parlamento que deveria ser ouvido pelo rei sobre os assuntos do governo e a aceitação da idéia de dissidência religiosa (Merquior, 1991).

da Revolução eram tolerância religiosa e governo constitucional. Dessa forma, procuravam limitar o poder do rei e da Igreja católica. A vitória dos revolucionários fez com que a Inglaterra fosse conhecida como berço das idéias liberais e assim permanecesse até um século após, quando, na França, em 1789, eclodiu a Revolução Francesa.

A Revolução Francesa inaugurou uma outra dimensão para as idéias liberais, cuja base esteve assentada na tríade Liberdade, Fraternidade e Igualdade, defendida pelos revolucionários franceses como patamar de vida para todos os cidadãos, em qualquer país, difundindo a idéia do liberalismo para o mundo.

O que na Inglaterra, com a Revolução Gloriosa, foi entendido como uma vitória do povo inglês, pois as idéias defendidas eram circunscritas ao país, na França foi considerado uma vitória da humanidade, pois os direitos defendidos pela Declaração dos Direitos do Homem e do Cidadão abrangiam todos os homens e qualquer país.

As idéias liberais, baseadas principalmente na teoria dos direitos humanos, no constitucionalismo e na economia clássica (Merquior, 1991), foram difundidas em larga escala e, desse modo, são identificadas nos mais diversos movimentos que ocorreram nos EUA e na Europa, como o das colônias norte-americanas, especialmente a da Virgínia (1776), na luta contra o domínio inglês e as lutas das cortes espanholas contra o absolutismo (1810).

No ideário liberal, dois conceitos são centrais: o de autonomia e o de liberdade. O conceito de autonomia indica o ato de estar livre de coerção. Implica que a escolha feita pelo homem não seja impedida de realização por outros, sejam eles homens ou instituições, e se realize através do exercício de liberdades. Assim, a autonomia materializou-se, no curso da história, primeiro pela liberdade da opressão como interferência arbitrária, noção esta que estava associada à fruição de direitos estabelecidos, configurando-se em liberdade como intitulamento. Após, a autonomia vinculou-se à liberdade política, que é consubstanciada pela participação dos indivíduos na administração dos negócios da comunidade em qualquer nível.

A liberdade de consciência e crença que surge como reivindicação de legitimidade da dissidência religiosa, que era considerada heresia e subjugada com êxito até o século XVII, foi essencial para a autonomia. A ela se associava também a idéia de o indivíduo viver como lhe apraz, apontando seu caráter privado ou individualista.[6]

O conceito de liberdade abrange uma polaridade entre liberdade negativa e positiva. A liberdade negativa traduziu-se pela não-interferência nas escolhas individuais e pode ser entendida como significando independência. Já a positiva está vinculada à idéia de decisão com autonomia. Enquanto a negativa representa a *liberdade de*, a positiva, a *liberdade para*, conformando as duas um mesmo campo, onde liberdade como independência e autonomia resulta no sentido da autodeterminação. Se na liberdade negativa deve-se indagar o que significa ser livre para os indivíduos isoladamente, na positiva a indagação é: o que significa para o indivíduo ser livre como membro de um todo? (Merquior, 1991).

A autonomia e a liberdade, portanto, vão delinear as propostas feitas pelos pensadores liberais, onde é possível identificar enfoques diferenciados na definição do termo liberal, o que tem apontado a inconsistência de tratá-lo de forma linear ou dogmática (Merquior, 1991; Bobbio, Matteucci, Pasquino, 1992; Rouanet, 1993).

As três principais escolas de pensamento liberal — a francesa, a inglesa e a alemã — apresentam formas de definir a liberdade que as tornam peculiares. Assim, para os franceses, a liberdade significa a autodeterminação; para os ingleses, a ausência de coação; e para os alemães, além de representar liberdade política, significa a realização da autotelia, ou seja, a realização pessoal através do desdobramento do potencial humano (Merquior, 1991).

A escola francesa é baseada nos ideais da Revolução Francesa, inspirada nas discussões de Rousseau, Montesquieu e Constant. Para eles, o rompimento com o poder despótico do rei deve ser a base ins-

---

6. "[...] classificação de espécies de autonomia segue, *grosso modo*, a ordem histórica de quando apareceram. No sentido [...] indicado, estar livre de opressão é uma experiência imemorial. A liberdade política no nível estatal parece ter sido uma invenção de Atenas, na época clássica. A liberdade de consciência entrou a afirmar-se, primeiro, durante a Reforma e as guerras de religião que se lhe seguiram, e que atormentaram a Europa até meados do século XVII. Por fim, adveio a disseminação da liberdade individualista" (Merquior, 1991: 24).

O DIREITO SOCIAL E A ASSISTÊNCIA SOCIAL...

piradora da manutenção das relações da vida em sociedade. A discussão de autonomia e liberdade nessa sociedade está assentada na necessidade de romper com o patrimonialismo[7] e com o poder absoluto do rei e da Igreja. A liberdade negativa tem centralidade na escola francesa, pois a formulação de Montesquieu de que a liberdade é o direito de fazer aquilo que a lei permite é considerada clássica dentro do pensamento liberal (Merquior, 1991).

Já as idéias defendidas por Hobbes, Locke, Bentham e Mill, da escola inglesa, definem o que é chamado de liberalismo utilitarista, pois tratam de discutir a harmonização dos interesses particulares egoístas, fazendo coincidir a utilidade particular com a pública. A esse liberalismo incorporaram-se os economistas clássicos Ricardo e Adam Smith, uma vez que a idéia de liberalismo utilitário se prestava a suas discussões sobre o mercado e sua regulação da vida em sociedade. Na sociedade inglesa, a idéia de liberdade estava associada ao poder fazer suas próprias leis, sendo sinal de liberdade tudo o que não estava proibido pelas leis. Esse ideário conforma a chamada idéia de liberdade negativa, que tem sua formulação em Hobbes (Merquior, 1991).

A escola alemã tem uma preocupação primordial com a formação da personalidade e o aperfeiçoamento pessoal, onde a educação tem papel preponderante. O conceito central está vinculado à liberdade política, com autonomia que não se expressa na participação, mas no desdobramento do potencial humano. Humboldt, Kant e Hegel são os principais pensadores da escola alemã. Enquanto Humboldt aponta que é preciso educar a liberdade e libertar para educar, Kant aprofunda os conceitos de autotelia ou realização pessoal, afirmando que o homem como pessoa deve ser considerado um fim em si mesmo. Já Hegel discute o Estado como espaço de liberdade racional, uma liberdade que deve ser exercida como um poder em desenvolvimento de realização pessoal. Portanto, a autotelia representa a idéia central

---

7. "Em seu esforço em prol da centralização, a Coroa francesa comprou a aristocracia com uma venda notoriamente maciça de cargos públicos, e o resultado foi uma estrutura inteira de interesses particularistas e de posições desiguais" (Merquior, 1991: 29).

do pensamento alemão, que introduz o conceito de liberdade positiva (Merquior, 1991).

Para os autores que discutem o liberalismo, a noção de contrato social[8] tem papel preponderante para o estabelecimento da vida em sociedade. Na sua formulação, os autores clássicos apontam a necessidade de os indivíduos pactuarem em torno do projeto de felicidade para todos. Assim, na proposta de Hobbes, os homens devem abdicar de seu poder em favor do rei; para Rousseau só o deve fazer em favor da Assembléia; e Locke aponta que a única exigência que deveria ser feita é de abdicarem do direito de fazer justiça com as próprias mãos. Essas idéias configuraram os argumentos em torno dos quais foi se construindo o escopo para se configurarem os direitos na ótica liberal, oscilando de enfoque, segundo o problema a ser enfrentado pela sociedade.

A democracia como valor foi sendo incorporada pelos liberais de maneira paulatina, pois temiam eles que o poder do tirano fosse substituído pela tirania da vontade geral.

"Mais tarde, esse receio foi se atenuando e o conceito liberal de liberdade foi se encaminhando para uma síntese liberal-democrática. À medida que o conceito de representação das minorias ganhava legitimidade, diminuía, com efeito, o temor da tirania majoritária, o grande pesadelo de liberais como Constant e Tocqueville." (Rouanet, 1993: 25)

Na esteira da síntese liberal democrata, os liberais buscavam a legitimidade de suas idéias por meio do consentimento, uma vez que o homem livre e autônomo era o fim esperado pelo liberalismo.

Dois grandes acontecimentos mundiais conformaram a pedra angular da defesa das idéias liberais e de seu questionamento. São eles a Revolução Industrial (1760) e a Revolução Francesa (1789). A Revolução Industrial, ao colocar em cena uma nova classe, a operária,

---

8. "O modelo de contrato social que era peça central no primeiro pensamento político moderno de Hobbes a Rousseau, serviu à idéia de direitos naturais com vigor. Suas premissas individualistas, como coisa distinta de suas conclusões políticas, revelaram-se ingredientes cruciais na ascensão do pensamento liberal" (Merquior, 1991: 41).

que, ao ver explorada sua capacidade de trabalho, iniciou um movimento para reconhecer seu direito a ter direitos. A Revolução Francesa, ao destacar os direitos da burguesia em ascensão de se rebelar contra o poder do déspota, de criar condições para que os direitos humanos fossem defendidos individualmente, garantindo a uma parcela da população o direito de escolher como viveria.

É importante salientar que os liberais clássicos defendem que os direitos devem ser exercidos somente pelos cidadãos livres e autônomos, e não por aqueles que vivem da venda de sua força de trabalho, não podendo, portanto, requerer esses direitos. Essa idéia restringe o usufruto dos direitos a apenas aqueles homens que eram proprietários tanto da terra como dos meios de produção, o que os colocava no patamar de liberdade e autonomia necessária para exercer esses direitos. Quanto aos trabalhadores, a idéia é de que sua situação de subordinação a quem o emprega limita sua capacidade de discernimento, devendo, portanto, ser impedido do usufruto dos direitos civis e políticos.

Na tradição liberal, só são portadores de direitos os homens que, por sua inserção na sociedade, possuem os requisitos básicos de liberdade e autonomia, e estes direitos são os de segurança, propriedade e resistência à opressão, todos considerados inalienáveis. Nessa conjugação de fatores, a sociedade cria as condições para a sedimentação e a consolidação do sistema capitalista (Coutinho, 2000). Na França de 1789, o direito a emancipar-se pertencia a quem era proprietário. Só quem detinha propriedade privada poderia escolher e exercer a liberdade, sem ser corrompido. E, por ser proprietário, poderia comprar dos não-proprietários aquilo que lhes pertencia, a força de trabalho. Essa lógica engendra as condições para que a exploração do trabalho pelo capital possa ser exercida.

A economia clássica, através de Adam Smith,[9] defende a assertiva de que o mercado apresenta as condições objetivas de autodesen-

---

9. Adam Smith foi um dos principais ideólogos do Estado Liberal. Seu livro *A riqueza das nações* é considerado um clássico para entender as idéias que enfeixam a proposta do liberalismo (Carnoy, 1994; Rosanvallon, 1997).

volvimento humano. Portanto, a forma de realizar a liberdade e o progresso dos indivíduos são a de não-intervenção no mercado.

Desse modo, o capitalismo apresenta-se como a forma econômica essencial para o desenvolvimento das idéias liberais, assim como a democracia consolida-se como projeto político defendido pelos liberais.

Na sua forma original, as idéias liberais contêm a centralidade do individualismo e da não-intervenção do Estado perante situações adversas enfrentadas pelos homens. As intervenções nesse patamar são consideradas danosas e ferem os princípios basilares do liberalismo clássico.

Foi com a organização da classe operária e em conseqüência da Revolução Russa de 1917 que as idéias liberais começaram a ser questionadas na sociedade. Vários projetos foram apresentados como alternativas para a questão social, tanto do ponto de vista dos liberais como de socialistas.[10]

Surgiram, assim, idéias como a de Montagne,[11] que defende o liberalismo social, onde as vítimas do processo de evolução do progresso capitalista devem ser ajudadas a evoluir, caso contrário se transformariam em peso morto para a sociedade e acabariam por comprometer o desenvolvimento do conjunto da mesma. Nessa lógica, a ajuda é sempre entendida como concessão, como favor, e não se constitui em patamar de direitos.

No campo econômico, ao se esgotar o referencial teórico do liberalismo, surgiram as propostas de Keynes,[12] que critica a crença liberal de auto-regulação do mercado, argumentando que:

---

10. "Socialismo tem sido identificado historicamente como programa político das classes trabalhadoras que se foram formando durante a Revolução Industrial [...] na transformação substancial do ordenamento jurídico e econômico [...] pelo controle dos meios de produção e a promoção da igualdade social, não só jurídica ou política" (Bobbio, Matteucci, Pasquino, 1992).

11. Montagne é um teórico francês considerado um dos "novos liberais", que, a partir de 1880, defende a idéia do liberalismo social (Merquior, 1991).

12. Keynes, economista inglês, defendeu a intervenção do Estado na economia como elemento de regulação das relações capital *versus* trabalho e como agente fiscal que emprega a tributação para promover investimento nas políticas sociais (Chaui, 1999). Sua principal obra, onde seus postulados estão desenvolvidos consolidadamente, é *Teoria geral do emprego do juro e da moeda*, editada, no Brasil, em 1982, pela Editora Atlas.

O DIREITO SOCIAL E A ASSISTÊNCIA SOCIAL...

"O Estado deveria intervir na economia para garantir um alto nível de demanda agregada (conjunto de gastos dos consumidores, dos investidores e do poder público) por meio de medidas macroeconômicas, que incluíam o aumento da quantidade de moedas, a repartição de rendas e o investimento público suplementar." (Pereira, 2000: 112)

Essas idéias revolucionaram o pensamento econômico a partir dos anos 1930 e obrigaram a um reposicionamento dos liberais em relação à participação do Estado na vida dos cidadãos.

Concorreu para a consolidação das idéias keynesianas a ameaça gerada pelas idéias defendidas pela Revolução Russa de 1917, que resultou na implantação do projeto da União Soviética, com o conseqüente aparecimento de uma nova proposta econômica e social: o socialismo. Merquior (1991) aponta o fato de que Keynes, ao se dar conta de que o projeto do leninismo queria destruir o capitalismo e que o fascismo buscava sacrificar a democracia para salvar o capitalismo, apresentou alternativas como proposta para defender a democracia e o capitalismo.

As idéias centrais de Keynes buscam articular três vetores: eficiência econômica, justiça social e liberdade individual, o que indica, para alguns autores como Merquior (1991), Fleury (1994) e Pereira (2000), a classificação de sua proposta em uma linha liberal socialista, pois conjuga a intervenção estatal, com vistas à justiça social, com a preservação da liberdade individual. Keynes propõe que o Estado tenha um papel ativo não só na economia como em programas sociais, buscando incidir na grave crise que a sociedade enfrentava, estabelecendo, com essa proposta, relação com as idéias defendidas pelos socialistas. Mas preserva a noção de liberdade individual, tão cara ao liberalismo, como patamar a ser conservado, mesmo pela intervenção do Estado. Diferentemente da idéia de Montagne, de 1885, que defende a intervenção do Estado apenas na ótica da concessão e por intermédio de iniciativas do mercado, Keynes propõe uma intervenção que consolida a lógica dos direitos perante a comunidade e o Estado.

Portanto, na tradição liberal, os direitos são proclamados a partir da liberdade e da autonomia, sem nenhuma forma de coação ou intervenção do Estado, critérios estes que foram se alterando com a evolução da sociedade, principalmente depois do ingresso da classe operária no cenário de disputas sociais e econômicas. Se foi possível verificar as idéias clássicas liberais na conquista dos direitos civis e políticos dos séculos XVIII e XIX, já no século XX, com a introdução dos direitos sociais, começaram a ser identificadas as alterações no campo econômico e social.

Essas alterações foram conformando mudanças no campo dos direitos e enfraquecendo as idéias liberais, principalmente a que se refere à não-participação do Estado no processo de afirmação do campo dos direitos.

2. De direitos civis a direitos sociais: marcos de conquistas

Data do século XVIII a discussão sobre os direitos civis, que se constituíram, em um primeiro momento, sob a égide do pensamento filosófico do jusnaturalismo e na perspectiva de confronto com o Estado absolutista, defendendo o direito do homem à liberdade, à segurança, à propriedade e à vida.

É importante destacar que em parte daquele século a humanidade ainda convivia com a escravidão, com o conceito de incapacidade em relação às mulheres, às crianças, aos índios, e era considerada natural a não-extensão desses direitos a esses segmentos populacionais, bem como a exclusão de homens escravos e não proprietários.

A leitura dessa realidade, por si só, justifica a incompletude da compreensão da natureza humana como portadora natural de direitos, uma vez que o acesso a eles se dava de maneira seletiva: só alguns homens eram de fato portadores desses direitos.

Na Inglaterra, com o documento *Bill of Rights* (1689), como nos Estados Unidos, com a Constituição de 1791,[13] os direitos do homem foram garantidos a partir da noção de pertencente a um país e com condições objetivas de liberdade.

---

13. Na Constituição de 1791, Thomas Jefferson propôs a adesão de dez emendas, reconhecendo os direitos dos indivíduos.

Foi no bojo da Revolução Francesa de 1789 que os direitos foram defendidos como prerrogativas dos homens do mundo, portanto, com características universais, desterritorializadas, mas sendo restrito o seu usufruto somente a alguns homens.

São considerados direitos civis: o direito à vida, à liberdade de pensamento e fé, o direito de ir e vir, à propriedade privada, à liberdade de imprensa e à igualdade perante a lei, traduzida pelo direito a um processo legal, ao *habeas corpus* e de petição. Esses direitos são apontados por Locke (principal teórico da Revolução Gloriosa) como direitos naturais e inalienáveis. A eles foram agregados os direitos políticos, que se traduzem pelo direito de votar e ser votado, direito à associação e à organização, presentes na sociedade a partir do século XIX.

Esses direitos são considerados de primeira geração e têm seu fundamento na idéia de liberdade, apresentando resistência ou oposição à atuação do Estado. Foram portadores deles os homens livres e proprietários, pois a propriedade privada era considerada o passaporte essencial para que o homem exercesse esses direitos sem ser corrompido. Cabia a esses homens decidirem o destino dos outros que não se enquadravam nesse estatuto.

Portanto, ao liberar uma parcela da população do jugo do déspota, pelos critérios apontados para sua requisição, os direitos civis e políticos foram exercidos também de maneira particular, referindo-se a um tipo de homem, e não a toda a humanidade. E, desde a sua proclamação, a luta da sociedade tem sido para universalizá-los. É nessa luta que se encontram os primeiros movimentos da classe operária para se ver reconhecida como portadora de direitos, enfrentando a submissão requerida pela venda de sua força de trabalho ao capitalista. Colaboraram para a implementação desses direitos a exigência de reerguimento dos países depois de duas guerras mundiais (1914 e 1940) e sua necessidade de cooptação da prontidão para o trabalho, como forma de reativar o funcionamento da economia, bem como a organização das classes trabalhadoras em torno das suas condições objetivas de vida. Esses movimentos, associados ao questionamento da insuficiência dos argumentos dos direitos individuais para enfrentar a crise social, foram se configurando como espaço privilegiado para a emergência dos direitos sociais.

Os direitos sociais são fundamentados pela idéia de igualdade, uma vez que decorrem do reconhecimento das desigualdades sociais gestadas na sociedade capitalista. Representam, na visão de Bobbio (1992), poderes, pois são entendidos como direitos de créditos do indivíduo em relação à coletividade. Expressam-se pelo direito à educação, à saúde, ao trabalho, à assistência e à previdência.

Os direitos sociais possuem caráter redistributivo, buscam promover a igualdade de acesso a bens socialmente produzidos, a fim de restaurar o equilíbrio para a coesão social. Partem de aspirações ideais que, ao serem proclamadas, não dão garantias de seu usufruto, pois o direito reivindicado não se traduz necessariamente em direito reconhecido e protegido (Bobbio, 1992).

A concretização dos direitos sociais depende da intervenção do Estado, estando atrelados às condições econômicas e à base fiscal estatal para ser garantidos. Sua materialidade dá-se por meio de políticas sociais públicas, executadas na órbita do Estado. Essa vinculação de dependência das condições econômicas tem sido a principal causa dos problemas da viabilização dos direitos sociais, que, não raro, são entendidos apenas como produto de um processo político, sem expressão no terreno da materialidade das políticas sociais.

Constituem-se em direitos de prestação de serviços ou de créditos, pois geram obrigações positivas por parte do Estado, que detém a responsabilidade de, por meio do planejamento e da consecução de políticas para o bem-estar do cidadão, atender às demandas por educação, trabalho, salário suficiente, acesso à cultura, moradia, seguridade social, proteção do meio ambiente, da infância e da adolescência, da família, da velhice, dentre outros.

São direitos de natureza coletiva, mas de titularidade individual, assim como os direitos civis e políticos, uma vez que

> "El titular del derecho es la mujer, el niño, el anciano, etc., las personas concretas que por la especificidad de sus circunstancias, de sus carencias vitales, de sus necesidades básicas son objetos de la

solidariedad general que ha conducido al impulso de las politicas sociales".[14] (Pisón, 1998: 99)

Embora de titularidade individual, eles não se referem ao homem genérico, mas ao homem concreto, singular, que é membro de uma comunidade específica. Sob essa ótica, o fundamento central dos direitos sociais são as necessidades reais do homem, que se caracterizam por serem básicas, objetivas, universais e históricas. Implicam, também, elementos de solidariedade social, transitando da ótica da consciência individual para a consciência coletiva. São tidos primeiramente como direitos dos trabalhadores, para só depois se desvincularem da relação contratual, assumindo um caráter prestacional, seja de serviços ou de renda, com estreita relação com o Estado interventor e redistribuidor; complementam e dão sentido aos direitos civis e políticos, pois atuam também na esfera econômica, e referem-se ao homem concreto, com seus problemas e necessidades.

Os direitos sociais, bem como os civis e políticos, têm sido objeto de disputa na sociedade, para que sua garantia possa ser efetivada. Nesse sentido, a luta pela universalização dos direitos civis e políticos e a busca da igualdade como meta dos direitos sociais são características de vários movimentos e declarações construídas pelos homens, principalmente a partir dos séculos XVIII, XIX e XX. As informações contidas no Quadro 2, apresentado a seguir, permitem visualizar uma síntese da cronologia das conquistas dos direitos em seus respectivos movimentos e localidades.

Por meio das informações do Quadro 2 é possível destacar que a disputa pelos direitos civis e políticos dominou por mais de cem anos, desde o *Bill of Rights* inglês até a Constituição jacobina da França, que sob o impacto das lutas estabelecidas pela classe trabalhadora começou a incorporar direitos sociais aos preceitos defendidos. Estes direitos são explicitados nas constituições mexicana (1917), alemã (1919) e

---

14. "O titular do direito é a mulher, a criança, o velho etc., as pessoas concretas que, pelas especificidades de suas circunstâncias, de suas carências vitais, de suas necessidades básicas, são objeto da solidariedade geral que tem conduzido o impulso das políticas sociais" (tradução livre).

Quadro 2

Sistematização cronológica das conquistas dos direitos segundo o ano e o país de origem

Ano	País	Acontecimentos	Direitos Defendidos
Direitos Políticos e Civis			
1689	Inglaterra	Bill of Rights — declaração contra o poder absoluto do rei	Liberdade da pessoa, ajuste da sucessão da Coroa e poder para o Parlamento.
1776	Virgínia	Bill of Rights — declaração contra o domínio inglês	Liberdade, propriedade, felicidade e segurança.
1789	França	Declaração dos Direitos do Homem e do Cidadão	Liberdade, segurança e resistência à opressão.
1791	França	Constituição do país	Incorporação dos direitos defendidos pela Declaração dos Direitos do Homem e Cidadão.
1791	EUA	Emendas constitucionais	Dez emendas defendendo os direitos individuais.
Direitos Políticos, Civis e Sociais			
1793	França	Constituição jacobina	Incorporação dos direitos ao trabalho, à instrução e à assistência aos desamparados.
1917	México	Constituição resultante da Revolução de 1910	Direito à propriedade privada, pública e social (agrária comunal), direito ao trabalho, ao salário, à folga, à sindicalização. Direitos das mulheres e dos jovens.
1917 1919	Rússia	Revolução Russa Declaração dos Direitos do Povo Trabalhador e Explorado	Idéias socialistas. Surgimento da consciência de que os indivíduos que não têm direitos a conservar são os que mais precisam do Estado. Incorporação dos direitos sociais.
1919	Alemanha	Constituição de Weimar	Incorporação dos direitos sociais dos trabalhadores premidos pelo movimento da classe operária.
1936	URSS	Constituição do país	Direito ao trabalho remunerado, ao descanso, à seguridade social e à educação.
1948	EUA (ONU)	Declaração Universal dos Direitos Humanos	Garantia dos direitos civis, políticos, econômicos e culturais.

Fonte: Sistematização da pesquisadora.

russa (1919) e na Declaração Universal dos Direitos Humanos (1948), que, ao transformá-los em direitos requisitáveis, revelam "uma transição das liberdades formais abstratas para as liberdades materiais, concretas" (Sarlet, 2001: 51).

A negação dos direitos sociais, por muito tempo, foi feita, como aponta Bobbio, "em nome do fundamento absoluto dos direitos de liberdade" (Bobbio, 1992: 22). Julgavam os liberais que a concessão de direitos sociais, por exigir a presença firme e interventiva do Estado, resultaria no aniquilamento do valor basilar aos direitos civis e políticos: o direito à liberdade.

A liberdade, na ótica dos direitos sociais, é exercida pela sua vinculação com a igualdade, uma vez que tem a função de garantir a todos os homens o acesso às mínimas condições materiais de vida, pois "com los derechos sociales, se busca, em realidad, la remoción de los obstáculos al ejercício concreto de la libertad"[15] (Pisón, 1998: 105). Isso porque, para os defensores dos direitos sociais, a idéia de liberdade, sem a presença da garantia de direitos ao trabalho, à renda, à moradia, à saúde, não se realiza. "Pero es que estoy convencido de que sin una mínima igualdad material, sin unas mínimas possibilidad de acesso a educación, salud, alimento, etc., no es possible el ejercício de la liberdad individual"[16] (Pisón, 1998: 77).

A contraposição entre os direitos individuais (civis e políticos) e os sociais tem sido bastante discutida e reforçada pelos defensores do individualismo e opositores do Estado social.

> "Esta dualización en los derechos, conscientemente reduccionista, supuso, de hecho, la estigmación de los derechos sociales al tiempo que entronizaba o los derechos civílis y políticos. En efecto, éstos fueron y son considerados, por la lectura liberal, como derechos absolutos,

---

15. "com os direitos sociais, busca-se, na realidade, a remoção dos obstáculos ao exercício concreto da liberdade" (tradução livre).

16. "Mas estou convencido de que, sem uma mínima igualdade material, sem mínimas possibilidades de acesso à educação, à saúde, ao alimento, etc., não é possível o exercício da liberdade individual" (tradução livre).

universales y inalienables y aquéllos, por el contrário, como derechos relativos, particulares y alienables".[17] (Pisón, 1998: 75)

Essa disputa tem encontrado eco nas propostas alicerçadas no paradigma teórico neoliberal,[18] principalmente após a década de 1980, quando o direito social correu o risco de ser entendido como processo da concessão, criando súditos em vez de cidadãos (Telles, 1999).

No seu contraponto, encontra-se a proposta do Estado social, implementador de políticas sociais baseadas nos princípios dos direitos sociais universais, igualitários e solidários, que teve expressão nos pós-guerras mundiais e foi precursor do chamado Estado de bem-estar social (*Welfare State*).

Compreender as inúmeras determinações que incidiram sobre a discussão da implementação dos direitos sociais, sejam elas econômicas, culturais, políticas e/ou sociais, é fundamental para identificar os elementos que têm contribuído para dar materialidade a esses direitos. Sua definição é de um produto social histórico e, portanto, inacabado, trazendo na sua configuração matizes das possibilidades postas na luta cotidiana das populações no enfrentamento das mazelas geradas pelo capitalismo.

No seu afã de garantir o acesso aos direitos, sejam individuais ou sociais, os homens, as sociedades, criaram aparatos jurídicos, contratos sociais, escreveram leis e constituições desde 1689 e ainda continuam fazendo. Todo acúmulo da sociedade nessa área foi e permanece sendo marcado pelo movimento maior do ideário que caracteriza determinada conquista. Para destacar esse movimento é preciso compreender o processo de juridificação dos direitos.

---

17. "Esta dualização nos direitos, conscientemente reducionista, supõe, de fato, o estigma dos direitos sociais, ao mesmo tempo que introduzia os direitos civis e políticos. Com efeito, estes foram e são considerados, pela leitura liberal, como direitos absolutos, universais e inalienáveis e aqueles, ao contrário, como direitos relativos, particulares e alienáveis (tradução livre).

18. "O termo neoliberalismo tem um significado específico no que concerne a um conjunto particular de receitas econômicas e programas políticos que começaram a ser propostos nos anos 70. Essas receitas têm como fonte de inspiração Milton Friedman. Essas idéias, por sua vez, remontam a Hayek e à chamada tradição austríaca" (Therborn, 1995: 139).

2.1. O processo de juridificação dos direitos civis, políticos e sociais

O reconhecimento por meio de tratados, leis e constituições tem sido um caminho percorrido pela sociedade ao buscar efetivar os acordos estabelecidos na órbita das relações sociais. Para isso, os homens têm criado aparatos jurídicos formais, que têm como tarefa zelar pela aplicação desses acordos, tanto que a positivação, ou seja, a transformação de uma norma em lei é uma das características da sociedade moderna.

O campo dos direitos individuais foi, por excelência, o do primado do direito liberal enquanto doutrina. Toda idéia afirmou-se na noção do indivíduo livre e autônomo que buscava, por meio do aparato legal, garantir seu direito a ter direitos. Assim, estava livre da opressão de outros ou do Estado, que deveriam conformar sua atuação pelas leis, que eram construções pactuadas pela sociedade e por ela deveriam ser observadas, sendo o sistema jurídico o fiscalizador desse cumprimento. A titularidade dos direitos era individual, e todo o sistema jurídico fincava seu alicerce numa estrutura voltada para o cumprimento e a execução da doutrina de forma individual.

No campo dos direitos sociais, para compreender o processo de juridificação[19] e suas conseqüências, é preciso ter claro o papel que o direito liberal desempenhou e desempenha nas estruturas jurídico-formais da sociedade moderna.

Apesar da defesa de liberais de que ao jurista basta cumprir a lei e de que a mesma, ao ser promulgada, ganha força, densidade e legitimidade, o que se assiste na sociedade é a um profundo debate sobre a possibilidade que a lei tem de incidir sobre, principalmente, os direitos sociais, uma vez que eles carregam, no seu escopo, conceitos que são intraduzíveis nas regras do direito liberal, como o direito social à propriedade e a limitação da liberdade individual com base nos direitos coletivos.

---

19. Juridificação entendida como "processo de expansão e adensamento do direito positivo na sociedade moderna" (Sorj, 2000: 102).

A discussão sobre a possibilidade de mecanismos garantidores, na forma da lei, fazerem cumprir com as prerrogativas impostas pelos direitos sociais tem feito com que alguns juristas discutam a sua invisibilidade (Souza Filho, 1999). De fato, pela sua natureza difusa, os direitos exigem mais do que a sua identificação formal, razão pela qual muitos ainda apontam que sua efetividade é mais uma questão da arena política, o que tem dificultado sobremaneira a sua explicitação no campo jurídico formal.

Ao mesmo tempo, coloca-se a questão de que, ao serem aprisionados pelo sistema jurídico formal, só resta aos direitos o seu submetimento aos ditames econômicos, uma vez que:

"Se lembrarmos a tarefa do direito liberal, de organizar a livre expressão dos indivíduos, reconhecendo, simultaneamente, a constituição de um amplo espaço social submisso à racionalidade coisificadora do processo econômico-material, não nos restará outra conclusão a não ser a de impotência objetiva do Direito no que tange à estruturação das relações sociais, na medida em que estas se encontram determinadas pela lógica da reprodução econômica da sociedade". (Flickinger, 1998: 209)

Nessa lógica, o papel da juridificação dos direitos é apenas reforçar o controle do Estado, resguardando a hegemonia do capital. Por esse motivo só é possível pensar na questão dos direitos sociais a partir do Estado social, onde o campo jurídico também se transforma num campo contraditório de disputa de projetos da sociedade, pois aqui "aparece como uma produção do grupo social, conquista da coletividade, resultando da luta concreta pelo espaço de poder, condicionada pelas determinantes históricas e sociais da cada tempo" (Farias, 1993:17), onde fazer justiça não é apenas sinônimo de leis, pois "legislação abrange sempre, em mais ou menos grau, Direito e Antidireito: isto é, Direito propriamente dito, reto, correto, e negação do Direito" (Lyra Filho, 1993: 32).[20] E é nesse movimento contraditório que vem

---

20. A palavra Direito, na citação, refere-se à ciência jurídica. Para maior compreensão da discussão do direito alternativo ler, *Direito achado na rua*, produção de um grupo de juristas vinculados ao Núcleo de Estudo para Paz e Direitos Humanos e publicado pela Universidade de Brasília (1993).

avançando, no campo formal, o reconhecimento dos direitos sociais, enquanto direitos que podem ser cobrados e exercidos. Isso tem exigido um reposicionamento das estruturas formais e uma busca de mecanismos inovadores que possam garantir a conquista desses direitos.[21]

A discussão jurídica em relação aos direitos sociais é ainda bastante imprecisa (Diaz, 1989). Para isso, concorre a idéia de que o direito, como arma jurídica, consolida-se na sociedade na ótica liberal. Ou seja, é enunciado marcado pelo individualismo, onde é o indivíduo que é portador de direitos, não um grupo, um povo. É ele, individualmente, que pode acionar o sistema jurídico para cobrança desses direitos.

Diaz (1989: 46) aponta que, na sociedade, "hablar de derechos sociales tiene una indudable importancia en el pasado, cuando se utilizo como arma política para incorporar derechos de nuevo cuño al catálogo de los clásicos derechos individuales",[22] mas alerta para o conflito que pode estabelecer-se entre os direitos individuais e sociais, uma vez que a prevalência dos sociais pode se dar em decorrência da intervenção na garantia individual. Ainda indica que os direitos sociais são aqueles que têm sentido e se realizam na luta de interesses de grupos, indicando que na medida em que esses direitos vão se incorporando aos textos constitucionais, não caberia chamá-los de sociais, mas de "direitos de igualdade ou de prestação" (Diaz, 1989: 46-7).

Essa polêmica criada em torno da precisão jurídica, embora importante, não esgota e, principalmente, não representa a centralidade dessa questão. Para dar conta disso, basta lembrar o questionamento de Bobbio em relação à igualdade: "[...] nenhum projeto de repartição pode deixar de responder a estas três perguntas: igualdade sim, mas entre quem, em relação a que e com base em quais critérios?" (Bobbio, 1992: 97).

---

21. Existe, na legislação brasileira, uma proposta de ser criado um *mandado de garantia social*, que garantiria, para além do mandado de injunção, a satisfação concreta aos titulares de um direito social, na hipótese de carência da política pública destinada à realização desse direito (Comparato, 1993: 104).

22. "falar de direitos sociais teve uma inquestionável importância no passado, quando foram utilizados como arma política para incorporar direitos de novo cunho ao rol dos direitos individuais clássicos" (tradução livre).

O grande problema a ser enfrentado está enunciado na forma universal como as leis supostamente são elaboradas, e é a sua relação com o homem concreto que vai buscar realizar-se por meio dessas garantias. É possível inferir, pela longa trajetória que os homens cumpriram para ver garantidos seus direitos na sua relação com a sociedade e o Estado, que a garantia desses direitos é produto de fortes embates com os interesses diversos que compõem essa sociedade. Nesse caso, as constituições são representação do pacto firmado e contêm, no seu corpo jurídico, matizes de jogos de interesses.

O instrumento legal, por si só, não dá conta de impor o novo nessa relação. Esse novo é estabelecido pelo movimento social, pelas reivindicações dos trabalhadores, pela presença das classes subalternas na luta por verem reconhecidos seus interesses. E esse novo o tempo todo está se debatendo com o velho, aquele que impõe as regras, submetendo os segmentos subalternos à lógica do mercado e impingindo aos direitos sociais sua transformação em mercadoria.

Escrever na forma de leis, estabelecendo contratos, tem sido o caminho percorrido pelos homens na conformação da vida social. Essas leis vêm tendo papéis diferentes de acordo com a sociedade onde estão inseridas. Sua formalidade, muitas vezes, pode servir de justificativa para burocratizar os interesses da maioria e remeter sua consecução para um longo e penoso processo judicial. Nessa ótica, o aprisionamento do movimento social acontece de forma a individualizar e particularizar as demandas, trabalhando na dissolução da cadeia social que compõe a discussão dos direitos sociais e sua garantia.

Mas as leis também podem se constituir em vigoroso instrumento de garantia do exercício desses direitos. Nessa perspectiva, ganha densidade a compreensão de que o acesso à lei é um dos pilares da construção de um novo processo societário, desde que esse acesso seja promovido de forma igualitária, garantindo condições objetivas de socialização e cobrança dessa lei.

É preciso ter claro que a simples existência de garantias legais não se traduz em garantias de direitos sociais. O próprio acesso às leis e ao seu aparelho jurídico formal tem sido dificultado aos segmentos populacionais pauperizados, o que tem reforçado a máxima de que existem leis em abundância e pouca efetividade no seu cumprimento.

O DIREITO SOCIAL E A ASSISTÊNCIA SOCIAL...

Os avanços no campo dos direitos sociais encontram-se, hoje, problematizados pelos apelos neoliberais, o que tem criado um problema jurídico formal importante a ser discutido. Como fazer valer os compromissos elencados na forma da lei, resultados de embates vigorosos nas sociedades, e que garantem direitos sociais? E como fazê-lo em países como o Brasil, que não constituiu na plenitude seu sistema de proteção social e referendou, na sua Constituição de 1988, os direitos sociais como direitos da população?

A orientação de recorte neoliberal tem sido encaminhada no sentido da desregulamentação, buscando não só desonerar o Estado e o mercado dos efeitos das desigualdades sociais, mas também os sistemas jurídicos formais do apelo da população empobrecida, que transitaria, assim, da órbita do direito formal para a órbita da filantropia.

Contrapondo-se ao movimento encetado pelo ideário neoliberal, Ferrajoli e um grupo de juristas apresentam, em 1989, como proposta, a idéia do garantismo,[23] reafirmando que é necessária a criação, no plano dos direitos sociais, com a mesma eficácia e capacidade de regulação e controle, de um sistema similar ao que garante a propriedade e a liberdade individual.

Para esse grupo de juristas, a teoria do garantismo é um modelo explicativo do Estado de direito e apresenta conteúdo limitador do exercício do poder político, baseado nos ideais de dignidade humana, paz, liberdade plena e igualdade substancial.

A idéia de garantia prevê tutela, defesa, reparo de danos. E o sistema assenta-se em uma organização jurídica que inclui estruturas e institutos aptos a sustentar, oferecer reparos, defesa e tutela das liberdades individuais aos direitos sociais coletivos.

Apontam ainda os garantistas que é pelo grau e quantidade de garantias dos direitos sociais que se pode medir a qualidade de uma democracia. Propõe-se, enquanto teoria, a medir o grau de efetividade da norma constitucional, ressaltando que são as normas constitu-

---

23. "Teoria geral do garantismo foi formulada por Ferrajoli em 1989, em sua obra Diritto e Ragione. Ferrajoli é um expoente da chamada jurisprudência alternativa, a qual propugnava a interpretação da lei conforme a Constituição" (Cademartori, 1999: 72).

cionais as portadoras e enunciadoras dos direitos sociais. Tanto elas como as constituições são compreendidas como resultados da contingência de um consenso, pois resultam de um processo de acordos entre uma comunidade política. Para compreendê-las, é preciso contextualizá-las no campo mais amplo da sociedade, entendê-las como expressão das possibilidades de acordo, sempre suscetível às determinações que sofre essa comunidade. Representam um campo eivado de possibilidades de asseguramento ou não desses direitos, reafirmando, assim, a importância de desvelar essa realidade com vistas à ampliação dos direitos sociais e à sua efetiva construção na vida concreta, objetiva, dos homens.

A eficácia jurídica reafirma, desse modo, não seu plano dogmático, onde sua validade é compreendida como uma característica intrínseca à ordem normativa, mas seu plano jus-sociológico, onde "os códigos e as leis são eficazes quando encontram, na realidade por eles disciplinada e regulada, as condições políticas, sociais, econômicas e culturais para sua aceitação e para o reconhecimento de sua legitimidade" (Faria, 1993: 42).

Na construção dos direitos, bem como na sua afirmação por meio de um aparato jurídico, sejam eles civis, políticos ou sociais, tem centralidade a discussão do papel do Estado. Assim, os direitos civis são considerados direitos de liberdade negativa, por se constituírem contra a presença reguladora do Estado. Os direitos políticos são os de liberdade positiva, pois se exercem por meio da autonomia e da participação no poder político, é a liberdade de intervir no Estado. E os sociais são aqueles que exigem a presença do Estado para poderem ser exercidos (Bobbio, 1992).

3. O papel do Estado na efetivação dos direitos

É de Hobbes o primeiro estudo que demarca a criação do Estado moderno,[24] que é definido por se caracterizar

---

24. Para uma discussão mais aprofundada sobre a origem do Estado, ver Dallari (2001).

O DIREITO SOCIAL E A ASSISTÊNCIA SOCIAL...

"pela unidade territorial e pela emergência de uma instância de poder tendencialmente hegemônico na figura do príncipe e também pela presença de uma valiosa organização das forças sociais tradicionais em dois planos, estreitamente afins, o da decisão e o da administração". (Bobbio, Matteucci & Pasquino, 1992: 428)

Concorre para a formulação desse Estado a necessidade de ordenamento jurídico, o que conforma o chamado Estado de direito, aquele

"fundado sobre a liberdade política e sobre a igualdade da participação dos cidadãos frente ao poder, mas gerenciado pela burguesia como classe dominante, com o instrumento fornecido pelo direito e pela economia, na idade triunfal da Revolução Industrial". (Bobbio, Matteucci & Pasquino, 1992: 402)

São características essenciais do Estado de direito:

— estrutura formal do sistema jurídico, garantia das liberdades fundamentais com a aplicação da lei;

— estrutura material do sistema jurídico, liberdade de concorrência no mercado, reconhecida no comércio aos sujeitos da propriedade;

— estrutura social do sistema jurídico, a questão social e as políticas reformistas de integração da classe trabalhadora; e

— estrutura política do sistema jurídico, separação e distribuição do poder.

Para Webber e Kelsen, teóricos importantes do Estado moderno, a questão da legalidade é fundamental, pois se para o primeiro a legitimidade do poder depende de sua legalidade, para o segundo o Estado não é nada fora do ordenamento jurídico, denotando-se aí a importância que tem para a conformação do Estado o papel de suas estruturas jurídicas e como o processo de juridificação teve uma importante função na sociedade liberal.

A conformação do Estado moderno em Estado de direito é fundamental para o estabelecimento dos direitos civis e políticos, pois a enunciação desses direitos é base de sustentação desse tipo de Estado. O Estado social vai ser criado quando da necessidade de responder diretamente às necessidades substanciais das classes trabalhadoras, em vista da integração social, surgindo, assim as bases concretas para a formulação dos direitos sociais.

Se no Estado de direito a conformação dos direitos individuais é formulada por um sistema jurídico capaz de assegurar pela cobrança individual seu exercício, no Estado social a resposta vem em forma de políticas sociais, que se caracterizam por ser "aquelas modernas funções do Estado capitalista — imbricado à sociedade — de produzir, instituir e distribuir bens e serviços sociais" (Pereira, 1998: 60). Essas políticas são um campo privilegiado de concretização das demandas postas pelos trabalhadores ao Estado. Suas características estão atreladas à forma de constituição desse mesmo Estado, tendo papel importante no processo de reprodução da força de trabalho.

Uma das questões centrais no terreno das políticas sociais tem sido compreendê-las em relação ao binômio concessão ou conquista. Para alguns estudiosos, o que caracteriza as políticas sociais é o seu compromisso em manter a acumulação e reproduzir a força de trabalho, buscando a legitimação do sistema capitalista (Coimbra, 1987), o que traduziria a sua concepção de concessão. Outros entendem as políticas sociais como campo contraditório, onde as demandas dos trabalhadores e sua disputa por ampliar direitos sociais ganham visibilidade, introduzindo aí a idéia de que elas se constituiriam numa conquista (Vieira, 1995).

É possível identificar esses dois movimentos na constituição das políticas sociais, que, como instrumento do Estado, têm incorporado as características próprias do momento histórico onde são gestadas, com todos os condicionantes econômicos, culturais, políticos e sociais que dão sustentação e base para a sociedade. Assim, os liberais apontam políticas residuais, fragmentadas, realizadas na ótica do mercado ou da filantropia. As propostas do Estado social, traduzidas pela proposta do *Welfare State*, configuram-se com forte presença das concepções universal, igualitária e de sistema de proteção social,[25] realizan-

---

25. "Proteção social é um conceito amplo que, desde meados do século XX, engloba a seguridade social (ou segurança social), o asseguramento ou garantias à seguridade e políti-

do-se na órbita do Estado. Já as propostas neoliberais são marcadas pela retomada do mercado e da sociedade civil na responsabilidade de atuarem nas políticas sociais.

O projeto de Estado, conformado pelo ideário que lhe dá sustentação, configura como a conquista dos direitos foi ganhando visibilidade na sociedade. Assim, o Estado liberal foi campo dos direitos civis e políticos; o Estado social, dos direitos sociais; e o conformado pelo ideário neoliberal, ao retomar os direitos individuais, pauta-se na lógica da desregulamentação dos direitos sociais. Na base dessas propostas, está um vasto campo de lutas da sociedade e dos homens para verem atendidas suas demandas de liberdade, autonomia e igualdade.

3.1. O estado liberal e os direitos na ótica individual

O Estado liberal constituiu-se a partir das lutas contra o absolutismo e teve como papel central o de mediador civilizador, uma vez que foi criado com a tarefa de regular as paixões dos homens, para que, assim, o mercado pudesse cumprir sua tarefa e promover o desenvolvimento e o bem-estar em geral (Carnoy, 1994: 23).

Firma-se nos princípios do individualismo e dos direitos naturais e defende a idéia básica do Estado funcionando restritamente, delegando a discussão dos direitos para a órbita do mercado e do exercício livre e do sentimento humanitário inerente aos homens, pois "a honestidade, o senso de dever, o amor pela nação e a solidariedade pelos concidadãos, que são essenciais para a reprodução social, são,

---

cas sociais. A primeira constitui-se em um sistema programático de segurança contra riscos, circunstâncias, perdas e danos sociais, cujas ocorrências afetam negativamente as condições de vida dos cidadãos. O asseguramento identifica-se com as regulamentações legais que garantem ao cidadão a seguridade social como direito. E as políticas sociais constituem uma espécie de política pública que visa concretizar o direito à seguridade social, por meio de um conjunto de medidas, instituições, profissões, benefícios, serviços e recursos programáticos e financeiros. Neste sentido, a proteção social não é sinônimo de tutela, nem deverá estar sujeita a arbitrariedades, assim como a política social — parte integrante do amplo conceito de proteção" (Pereira, 2000: 16).

portanto, parte inerente da maioria dos indivíduos numa sociedade competitiva e de livre empresa" (Carnoy, 1994: 41).

Na área social, o Estado Liberal é um Estado "constituido desde la negatividad. De esta forma, el Estado deve ser un Estado absentista: un Estado que no actúe"[26] (Pisón, 1998: 26). A ele caberia, segundo Adam Smith, cumprir três funções básicas. A primeira é a de defesa, protegendo a nação do ataque de outras nações. A segunda é propiciar a justiça, criando mecanismos que garantam a proteção dos homens contra as injustiças e a opressão dos outros homens. É importante aqui pontuar que essa justiça deveria ater-se aos direitos civis e políticos, pois a exploração do capital com o trabalho não é considerada injustiça; ao contrário, sendo ela o motor da economia capitalista, deve ficar restrita à ação do mercado, que, perfeito, resolverá as questões das desigualdades, desigualdades estas que são reconhecidas como distorções do mercado, problemas que devem ser corrigidos no seu livre funcionamento.

Por fim, na terceira função, o Estado deve criar e manter organismos que sejam úteis ao bem comum e que, por sua natureza, não podem ser criados por particulares, pois seu lucro jamais poderia reembolsar-lhes as despesas (Rosanvallon, 1997). Essa tarefa imposta ao Estado parece apontar a compreensão de alguns limites do mercado. A expansão industrial e a necessidade de aprimorar os recursos de infra-estrutura para funcionamento pleno do capital deram margem a que os liberais buscassem a ação do Estado no fornecimento dessa infra-estrutura. Mesmo assim, é preciso ter claro que a ação do Estado aqui é tolerada na lógica de favorecer o capital, desonerando-o do custo que esses recursos exigiriam.

Os direitos políticos, vinculados ao sufrágio e à escolha dos governantes, foram uma das armas utilizadas pelos liberais para o enfrentamento das reivindicações da classe trabalhadora, que começou a se organizar a partir do século XIX. A democracia é entendida como sistema competente para controlar as ações do Estado, pois é na órbi-

---

26. "constituído desde a negatividade. Dessa forma, deve ser um Estado absentista: um Estado que não atue" (tradução livre).

ta pública que são possíveis as corrupções. A esfera econômica continua a ser defendida como particularidade do mercado, é só é desejável a ação estatal para enfrentamentos das lacunas criadas pelo sistema. Convém ressaltar que a aceitação de que houvesse lacunas cria aos liberais um problema quanto ao conceito de funcionamento perfeito do mercado.

Essa lógica engendra políticas sociais residuais e voltadas para distorções que podem intervir no processo de acumulação do capital, buscando corrigir situações que são consideradas naturais. Emblemática dessa ação é a criação da *Poor Law* na Inglaterra, em 1834. Por essa lei, os pobres abdicaram de seus direitos civis e políticos em troca de sua manutenção pela coletividade. Por meio de uma taxa, paga pelos cidadãos, e com a preocupação de que os pobres representavam um problema para a ordem pública e de higiene para a coletividade, o tratamento deveria ser feito pelas paróquias, que tinham a tarefa de controlá-los. Evitavam, assim, que as populações empobrecidas prejudicassem o funcionamento da sociedade e, ao atendê-las dessa forma, não criavam situações indesejáveis para a expansão do capitalismo e para o necessário sentimento de competição que deveria pautar a integração dos homens na vida social.

A máxima defendida pelos liberais em relação às políticas sociais é a de que, como é preciso conservar a disposição para competição na sociedade, toda tutela gerada pelo Estado é desmanteladora do espírito empreendedor tão necessário ao desenvolvimento do capitalismo. Essa idéia foi retomada nos anos 1970, quando os ideais da teoria neoliberal ganharam espaço e se afirmaram como alternativa na ótica societária.

Portanto, o Estado liberal foi campo fecundo para o exercício dos direitos civis e políticos, compreendidos aqui como direitos que, ao serem proclamados, são dirigidos a uma parcela da população, sendo tarefa da sociedade a luta por ampliá-la desde sua criação.

Em relação aos direitos sociais, foi através das manifestações dos trabalhadores organizados que ganharam força no século XIX, que os diretos sociais começaram a criar condições objetivas de serem constituídos, reafirmando a insuficiência dos direitos civis e políticos. Foi por meio das reivindicações por verem reconhecidas as precárias condições de trabalho e de vida que a crise do capitalismo de 1929[27] trouxe à tona a insuficiência do sistema de auto-regulação do mercado e a necessidade de intervenção mais efetiva do Estado na regulação da economia, agora não mais à margem do processo econômico, mas como promotor de uma política econômica, baseado principalmente nas idéias de Keynes.

3.2. O estado social e a presença dos direitos sociais

Embora a emergência do Estado social possa ser vinculada à discussão dos direitos sociais, característica do século XX e do pós-Segunda Guerra Mundial, é possível identificar já nos movimentos revolucionários europeus de 1848, na Comuna Francesa de 1871, indicativos que apontam a construção de um novo modelo de Estado, bem diferente do defendido pelos liberais (Pisón, 1998). Já nesses movimentos se discutia a necessidade de se criarem melhores condições de vida para a classe operária, o que tensionava a relação capital *versus* trabalho.

No contexto da crise econômica de 1929 e do crescimento das desigualdades e das tensões sociais inerentes ao capitalismo na sua fase monopolista, surgiu, no âmbito mundial, a proposta do Estado social, que alcança sua consolidação e desenvolvimento no pós-guerra, notadamente nas décadas de 1950 e 60.

No campo econômico, baseia-se nas idéias keynesianas, que propõem uma intervenção na economia por meio de investimentos no mercado produtivo e na promoção do bem-estar, buscando, assim, diminuir as desigualdades sociais. Para Keynes, a Lei de Say (lei dos mercados), segundo a qual a oferta cria sua própria demanda, é insu-

---

27. "Esse período também é conhecido como Grande Depressão. Foi a maior crise econômica mundial do capitalismo até aquele momento. Uma crise que se iniciou no sistema financeiro norte-americano, a partir do dia 24 de outubro de 1929, quando a história registrou o primeiro pânico na Bolsa de Nova Iorque. A crise alastrou-se pelo mundo, reduzindo o comércio internacional a um terço do que era até então. Com ela, instaurou-se a desconfiança de que os pressupostos do liberalismo econômico poderiam estar errados" (Sandroni, 1992: 151).

ficiente, questionando, assim, a premissa do equilíbrio econômico. Segundo Keynes, é necessária a intervenção do Estado através de um planejamento, para que as condições de acumulação capitalista sejam restabelecidas. Baseado nessas idéias, implantou-se, principalmente na Europa do pós-guerra, a proposta do Estado de bem-estar social, ou *Welfare State*, que ganhou peculiaridades nos diversos países onde foi implantado.

Assim, identifica-se a constituição desse sistema em vários regimes de Estado. Um deles é o vinculado ao projeto de Estado liberal, cuja característica principal é a assistência aos comprovadamente pobres, por meio de benefícios mínimos associados ao estigma, buscando não estimular a substituição ao trabalho. O atendimento não fica restrito ao Estado, que conta também com o mercado para dar conta dessa realidade. Esse projeto está presente nos Estados Unidos, no Canadá e na Austrália. Essa proposta pode ser visualizada no *New Deal* norte-americano, a proposta de Roosevelt para enfrentar as desigualdades sociais nos EUA, em 1932. Nesses países, a intervenção do Estado combinava políticas sociais estatais com privadas, efetivamente atuando focalizada na pobreza. Buscavam preservar o individualismo e entendiam a intervenção do Estado como um mal necessário, corrigindo, assim, as situações extremas.

Outro tipo de Estado é o coorporativista e conservador, onde os direitos dependem do *status* e da classe. Adota o princípio da subsidiaridade, fazendo com que o Estado só atue quando a família não pode suprir as necessidades dos indivíduos. Esse regime pode ser identificado com os projetos da Áustria, da França, da Alemanha e da Itália. Os programas sociais desse tipo de Estado estão vinculados à noção de seguro social, onde os indivíduos contribuem com um fundo, que reverte em políticas sociais para os contribuintes. Os sistemas de Previdência Social foram a tônica desse tipo de Estado.

Já o regime denominado social-democrata adota os princípios do universalismo, da igualdade e da desmercadorização de direitos sociais. Ancora-se no pleno emprego, sendo que o direito ao trabalho é tão importante quanto o direito à renda, fazendo com que o Estado tenha o papel de assumir e socializar os custos das famílias. Esse tipo de regime foi implantado nos países escandinavos (Esping Andersen, 1991: 108-11).

Os pilares do *Welfare State* foram construídos a partir da solidariedade social, nascida na guerra, da destruição e da resistência em torno de objetivos que buscaram incorporar o proletariado e outros segmentos subalternos aos novos empregos produtivos, à cidadania e às instituições socioestatais (Fiori & Tavares, 1997).

Os projetos de *Welfare State* buscaram modificar as forças do mercado em três direções:

— garantindo aos indivíduos e às famílias uma renda mínima, independentemente do valor do trabalho ou de sua propriedade;

— restringindo o arco de insegurança, colocando os indivíduos e as famílias em condições de fazer frente a certas contingências sociais (por exemplo, a doença, a velhice e a desocupação), que, de outra forma, produziriam as crises individuais e familiares; e

— assegurando que a todos os cidadãos, sem distinção de *status* ou classe, seja oferecida uma gama de serviços sociais (Fleury, 1994).

Os direitos civis, políticos e sociais foram alvo de disputa e compuseram o corolário dessa nova proposta de Estado que se gesta no mundo do pós-Segunda Guerra Mundial sob a ameaça da Guerra Fria, onde, de um lado, existia um projeto de Estado gestor absoluto do campo da política e da economia, representado pela proposta comunista da nova União Soviética, e, de outro, o projeto capitaneado pelos Estados Unidos, onde se construiu um pacto entre Estado e mercado para buscar melhores condições de vida para as populações empobrecidas.

O mundo capitalista viveu aí seu período de grande prosperidade,[28] o que deu sustentação a essa nova proposta de Estado, que, à luz

---

28. Hobsbwam denomina essa como a Era do Ouro. Para melhor compreensão desse período, ver Hobsbawn (1995: 221-390).

O DIREITO SOCIAL E A ASSISTÊNCIA SOCIAL...

da doutrina keynesiana, foi concebido como um estabilizador interno da economia e da política, que ajudaria a regenerar as forças do crescimento econômico (Offe, 1991).

O sistema de proteção social criado em torno dessa proposta foi sendo construído a partir de um amplo aparelho burocrático estatal e com inúmeras repercussões nas legislações que foram surgindo no mundo. Seu suporte estava fundamentado no desenvolvimento pleno da economia, o que permitia o investimento por parte do Estado em sistemas de políticas sociais. A sua consolidação aconteceu de maneira diversa, uma vez que em países onde os trabalhadores tinham forte estrutura sindical, foi possível avançar mais concretamente na área dos direitos. Em compensação, nos países de baixa mobilização, e neles estão incluídos os de economia periférica como o Brasil,[29] a proteção social teve grandes dificuldades de se constituir como sistema.

Se o projeto de Estado de bem-estar social teve sua imagem vinculada ao sucesso do período de acumulação capitalista do pós-guerra, foi também esse mesmo projeto acusado de ser o responsável pela crise enfrentada pelo capitalismo na década de 1970, a qual presenciou duas crises do petróleo (1973 e 1979), grandes pressões inflacionárias e crise de consumo, tendo sido ainda marcada por grandes mobilizações dos trabalhadores em busca da ampliação do Estado no atendimento de suas demandas (Rosanvallon, 1995).

Vários são os fatores apontados para a crise do *Welfare State*, dentre eles a chamada "crise financeira", resultante do limite da capacidade de financiamento pelo Estado das políticas sociais. Dentre os fatores que contribuíram para a crise financeira, tem papel fundamental a mudança macroeconômica que desloca o potencial da indústria para a área dos serviços, gerando, com isso, um volume inferior de recursos e restringindo a capacidade de investimento. Diametralmente oposto, o movimento organizado da classe trabalhadora pressionou o Estado para atender mais e mais às suas demandas. Além disso,

---

29. O caso particular e singular do Brasil será objeto de discussão no Capítulo 2.

a estrutura etária da população mundial ampliou-se, incorporando uma nova demanda ao campo das políticas sociais.

Outro fator importante para a crise do *Welfare State* foi a transnacionalização da economia, uma vez que o fundamento do projeto do *Welfare State* se ancora no Estado nacional, com atores fortes para o restabelecimento do pacto necessário do projeto. Com essa nova configuração do capitalismo, os atores nacionais se fragilizaram e já não havia sustentação para o projeto, pois, "O pacto do *Welfare State* nasce da capacidade de que o Estado nacional possa fazer política" (Oliveira, 1998: 109).

A universalização dos direitos trabalhistas e a forte sindicalização verificada no período de vigência dos projetos do *Welfare State* criaram aquilo que Oliveira (1998) chama de crise do êxito, uma vez que essa crise serve de elemento para as críticas impostas pelos neoliberais.

E, por fim, contribuiu para a crise do *Welfare State* a crise do mundo do trabalho, pois as políticas sociais giravam em torno de uma sociedade estruturada em torno do trabalho formal e sustentada pela possibilidade de a população viver e contribuir por meio de sua inserção no mercado de trabalho.

Embora anunciado o esgotamento da proposta do Estado social como resposta ao enfrentamento da crise capitalista da década de 1970, existem tentativas de reorganizá-lo,[30] já que, cada vez mais, são impostas ao Estado e ao mercado novas configurações da questão social (Castel, 1998), cujos enfrentamentos parecem não dispensar alguns princípios que soldaram a proposta do Estado social. Para isso, é preciso enfrentar os grandes problemas que demarcam a crise mundial que estão impondo um novo reposicionamento frente ao papel do Estado e dos direitos sociais.

Nesse sentido, aparece o enfrentamento das enormes desigualdades sociais e econômicas, gestadas no movimento para fortalecer o

---

30. Sobre o tema, ler Pisón (1998), Esping Andersen (1991), Vianna (1997), Sader & Gentili (1995).

O DIREITO SOCIAL E A ASSISTÊNCIA SOCIAL...

sistema capitalista e incidir na lucratividade do sistema. Na lógica da teoria neoliberal, o enfrentamento das desigualdades, via intervenção do Estado, é considerado indesejável, pois seu enorme custo incidirá diretamente sobre o lucro e também reforçará a tese de abandono do mundo produtivo, uma vez que os trabalhadores preferirão o benefício estatal ao trabalho. Essa lógica vem sendo constantemente apontada pelos neoliberais, mesmo em um mundo onde as oportunidades de trabalho são insuficientes para dar conta da demanda.

Esses desafios impõem, para alguns, pensar o Estado social como irreversível (Offe, 1991) e, para outros, a sua necessária reformulação (Rosanvallon, 1995). Reformulação esta que coloca em xeque os princípios em que os direitos sociais foram construídos e que constituem um grande desafio societário.

3.3. A crise do estado social e a ofensiva neoliberal: a desregulamentação dos direitos

Na década de 1970 despontou uma nova crise do padrão de acumulação capitalista, a partir de uma tendência decrescente das taxas de lucros, acompanhada de altas taxas de inflação, ruindo, assim, os pilares econômicos que sustentavam o projeto de planejamento da fórmula de regulação keynesiana.

A crítica do aparato teórico neoliberal ao Estado social é centrada naquilo que é identificado como excessos de poder do Estado, tanto em relação ao mercado como à sociedade. É mostrada sua ineficiência e anunciadas sua falência e saturação face aos escassos recursos para cobrir demandas cada vez mais crescentes, agravadas pela crise. Assim, a crise econômica, as altas taxas de inflação, o desequilíbrio fiscal, o crescimento da burocracia e o poder das corporações, em especial o dos sindicatos, são apontados como produtos do Estado de bemestar. Estado este que, ao transgredir o princípio da liberdade individual, teria criado condições objetivas de desestímulo aos homens para o trabalho produtivo, uma vez que acabavam escolhendo viver sob as benesses do aparelho estatal do que trabalhar.

As medidas de ajustes sobre o enfoque teórico neoliberal estão sedimentadas num projeto ideológico, político e econômico que exalta a liberdade dos mercados. São elas: a desregulamentação da economia, onde se consolida a abertura dos mercados para o livre fluxo de produtos e do capital ao tempo em que fragiliza e compromete a autonomia do Estado-nação. A orientação de recorte neoliberal consiste em medidas de geração de poupança, combate à inflação com estabilidade monetária a qualquer preço e pagamento da dívida externa, no caso particular dos países endividados do Terceiro Mundo (Fiori, 1997). Essas orientações foram, na sua totalidade, apontadas pelo Consenso de Washington[31] para serem aplicadas nos países de economias periféricas, condicionando, inclusive, a ajuda financeira dos organismos internacionais ao compromisso com o receituário.

No campo político, o Estado deveria ser fortalecido naquilo que fosse necessário para manter o funcionamento do mercado, criando um movimento mini-max, onde os investimentos seriam mínimos para o trabalho e máximos para o capital (Sader, 2000).

As políticas sociais retomam seu caráter liberal residual; a questão da garantia dos direitos volta a ser pensada na órbita dos civis e políticos, deixando os sociais para a caridade da sociedade e para a ação focalizada do Estado.

> "Em síntese, esse novo modelo de acumulação implica que: os direitos sociais perdem identidade e a concepção de cidadania se restringe; aprofunda-se a separação público-privado e a reprodução é inteiramente devolvida para este último âmbito; a legislação trabalhistas evolui para uma maior mercantilização (e, portanto, desproteção) da força de trabalho; a legitimação do Estado se reduz à ampliação do assistencialismo." (Soares, 2000: 13)

---

31. Em 1989, reuniram-se, em Washington, o Fundo Monetário Internacional (FMI), o Banco Mundial, o governo norte-americano, economistas e políticos latino-americanos e caribenhos de orientação neoliberal, para elaborarem um receituário para as economias periféricas. Esse receituário ficou conhecido como o Consenso de Washington, e indica dez medidas que devem ser seguidas pelos países. São elas: ajuste fiscal, redução do tamanho do Estado, privatizações, abertura comercial, fim das restrições ao capital externo, abertura financeira, desregulamentação, reestruturação do sistema previdenciário, investimento em infra-estrutura básica e fiscalização dos gastos públicos e fim das obras faraônicas (Batista et al; 1994).

Em que pese a força que a teoria neoliberal conquistou no mundo, principalmente após os governos Tatcher (1979) na Inglaterra e de Reagan (1980) nos Estados Unidos, o balanço realizado das conseqüências de sua implantação tem apontado grandes fragilidades do projeto, o que faz com que já se anteveja sua derrocada (Anderson, 1995). Os remédios tão bem aplicados, principalmente nas economias periféricas, têm tido como resultados o agravamento da crise social, com altas taxas de desemprego. A poupança não promoveu o crescimento econômico. Na verdade, a lucratividade transformou-se em capital volátil. O grande avanço tecnológico deu como resultado um grande número de sobrantes no mercado de trabalho, apontando uma das mais graves expressões da questão social da atualidade, ou seja, o desemprego estrutural.

Contudo ainda persiste uma hegemonia política e ideológica no mundo do capitalismo, que tem sido a responsável pelo grande embate realizado no campo dos direitos sociais. A quebra do poder dos sindicatos, a desregulamentação do trabalho, a retirada parcial do Estado da intervenção na área social, o retorno da cultura privatista no campo das políticas sociais têm se constituído hoje em grandes desafios, os quais geram impactos diferentes de acordo com o estágio de desenvolvimento do Estado de bem-estar social. Nos países de economia central, onde existia um forte sistema de proteção social constituído, os ajustes neoliberais tiveram muitas dificuldades para se implantar, ocorrendo muito mais na órbita das relações com países de economia periférica, na cobrança da dívida externa, do que em alterações substanciais no sistema de proteção (Soares, 2000).

Nos países onde o Estado de bem-estar social ainda era incipiente, reforçou-se a idéia da política de caráter emergencial, focalizada e contando com a solidariedade comunitária (Soares, 2000: 21).[32] Retorna a política da meritocracia, onde ser pobre é atributo de acesso a programas sociais, que devem ser estruturados na lógica da concessão e da dádiva, contrapondo-se ao direito.

---

32. Esse tema, bastante pertinente em relação ao Brasil, é objeto do Capítulo 2. Para maior compreensão, ler Soares (2000), Draibe (1990), Vieira (1997), Yazbek (1993) Faleiros (1991 e 1992) e Sposati (1987 e 1989).

O ajuste proposto a partir das orientações teóricas neoliberais recoloca a questão dos direitos sociais como um problema a ser enfrentado pela sociedade. Para além das dificuldades de financiamento das políticas sociais, tão discutidas nestes tempos, retoma-se a discussão da concepção, uma vez que nas políticas residuais a pobreza e as desigualdades sociais voltam a ser entendidas como distorções que serão corrigidas pelo livre desenvolvimento da economia. Nessa lógica, a do mercado, é plausível e natural a existência de "ganhadores e perdedores, de fortes e fracos, os que pertencem e os que ficam de fora" (Soares, 2000: 13), e isso serve para a relação tanto entre homens como entre países.

Assim, o paradigma teórico neoliberal assentou-se em três propostas fundamentais, sendo a primeira a de reversão acelerada das nacionalizações do pós-guerra; a segunda, na crescente tendência à desregulamentação das atividades econômicas e sociais pelo Estado; e a terceira, na tendência de transformar os poderes universais da proteção social pela particularização de benefícios sociais.

Para sua explicitação, o projeto de Estado fundado nesse paradigma sustenta o retorno à ótica da sociedade civil para reconhecimento dos direitos, dando sustentação ao âmbito dos direitos individuais. Já no campo dos direitos sociais, retoma a lógica do mercado e da filantropia para o atendimento das demandas geradas por eles. Se o indivíduo tem dinheiro, deverá comprá-los no mercado, transitando, assim, da ótica do direito para a da mercadoria. Se não possui condições de comprá-los, deverá acessá-los através da benevolência da sociedade, que retoma o papel de responsável por atender às demandas sociais. E deverá fazê-lo de forma a atender parcialmente a suas demandas, retomando o conceito de não intervir de maneira a incidir no desejo de progresso, que é imanente da relação com o mercado. A regulação que pode e deve ser feita pelo Estado é, nesse caso, aquela que fornece as condições efetivas de pleno funcionamento do mercado.

A orientação teórica de recorte neoliberal vem sendo questionada como desregulamentadora de direitos. Esse fato tem uma incidência importante na sociedade atual, mas com conseqüências bastante diversas para os países que construíram um sistema forte de proteção social, baseado numa trajetória de construção de pactos e leis fundamentados nas lutas sociais e com tradição de participação social e democrática.

Em países como o Brasil, que afirmou seu sistema de proteção social vinculado à noção de direito apenas no final do século XX, é importante analisar como se gestaram as condições objetivas para sua fundamentação e que conseqüências advêm do fato de que, no âmbito mundial, as idéias neoliberais ganham visibilidade e são fundadoras dos contratos internacionais estabelecidos pelas relações transnacionais.

CAPÍTULO 2

A construção dos direitos civis, políticos e sociais no Brasil: trajetória social e jurídica

Este capítulo tem como objetivo percorrer a trajetória histórica brasileira, levando em consideração suas peculiaridades, sinalizando fatos e apontando dados para a identificação, nesse contexto, daquilo que alicerçou o arcabouço, do ponto de vista institucional e legal, o campo dos direitos civis, políticos e sociais, principalmente no período que vai de 1930 a 1985.

Nesse período, os direitos civis, políticos e sociais podem ser compreendidos a partir dos enunciados de primeira e segunda geração.[1] As suas naturezas estão constituídas como campo individual, fundamentando-se, enquanto direitos civis e políticos, na idéia de liberdade e, enquanto direitos sociais, na igualdade. A titularidade tanto dos civis como dos políticos e dos sociais concentra-se no indivíduo. Em relação à participação do Estado, a constituição dos direitos sociais apresenta uma diferença teórica que é fundamental no modo como vão ser gestados esses direitos no Brasil. Se, na tradição européia, houve uma forte presença do Estado não só como regulador desse campo dos direitos, mas, principalmente, como provedor dos mesmos, o que

---

1. Esse tema foi tratado no Capítulo 1 e encontra-se sintetizado no Quadro 1.

se constitui num traço marcante na sua definição, no Brasil ocorreu uma ambigüidade na enunciação desses direitos, que estão quase na sua totalidade vinculados à legislação trabalhista, e, quando desvinculados dela, se apresentam como um enunciado de intenção, sem a efetiva presença do Estado, conforme pode ser observado na trajetória do período. Essa abstenção do Estado e sua presença apenas no campo regulatório fazem com que se questione a efetiva presença de direitos sociais no longo caminho percorrido até a Constituição de 1988.

Na realidade, apesar de, no terreno dos direitos, a sua constituição ser pautada pelas idéias de conquistas já desenvolvidas no Capítulo 1, é preciso ter claro que a realidade do país aponta singularidades que certamente tiveram repercussões importantes não só na constituição efetiva dos direitos, mas também no modo como eles foram organizados para refletir na vida da população. As aproximações aqui esboçadas, no que se refere ao processo histórico brasileiro, têm tãosomente a finalidade de indicar os processos pelos quais os direitos foram sendo efetivados, não se tendo a pretensão de realizar uma reconstrução desse significativo tema, tão amplamente trabalhado na literatura especializada sob diferentes ângulos teóricos.[2]

1. A trajetória brasileira e a construção dos direitos civis, políticos e sociais[3]

Os 500 anos de Brasil foram marcados por inúmeras transformações no que se refere tanto à formação do Estado brasileiro como à constituição da sociedade civil. Com características peculiares e permeadas de fatores que conformaram a sociedade brasileira, os direitos civis, políticos e sociais foram se constituindo a partir de uma realidade histórica particular, na qual transcorreram os períodos colonial, imperial, chegando ao republicano.

---

2. Para aprofundar esse tema, ver Prado Júnior (1966), Fernandes (1987), Dallari (2000), Viotti da Costa (2001) e Carvalho (2002).

3. As reflexões, de natureza histórica, desenvolvidas neste item estão sustentadas especialmente nas obras de Viotti da Costa (2001) e Carvalho (2002).

O Brasil, descoberto em 1500 e mantido como colônia portuguesa por três séculos, incorporou, na sua organização social e, portanto, no campo dos diretos, traços marcantes da relação de dependência com o império lusitano.

> "A história do Brasil, nos três primeiros séculos, está intimamente ligada à expansão comercial e colonial européia na época moderna. Parte integrante do império ultramarino português, o Brasil-colônia refletiu em todo o largo período da sua formação colonial, os problemas e os mecanismos de conjunto que agitaram a política imperial lusitana." (Novais, 2001: 47)

Objetivando a expansão de seu império, Portugal estabeleceu no país um sistema produtivo baseado na agricultura extensiva e calcado no trabalho escravo, processo este que vai incidir basicamente no campo dos direitos civis, tanto que, quando da sua independência, ficou patente que

> "A herança colonial pesou mais na área dos direitos civis. O novo país herdou a escravidão, que negava a condição humana do escravo, herdou a grande propriedade rural, fechada à ação da lei, e herdou um Estado comprometido com o poder privado. Esses três empecilhos ao exercício da cidadania civil revelaram-se persistentes." (Carvalho, 2002: 45)

O trabalho escravo, somado ao processo político de dependência da colônia brasileira a Portugal, é fundamentalmente uma das características marcantes da sociedade brasileira presente ao longo dos séculos XVI, XVII e XVIII. Essa realidade aponta a dificuldade de enunciação dos direitos civis, uma vez que os escravos eram considerados objeto de posse do seu senhor, e não lhes era outorgada a condição de humano, ficando à mercê de quem tinha a sua posse. Nesse aspecto, é possível evidenciar que a autonomia e a liberdade, tão necessárias para o exercício dos direitos civis,[4] não encontravam no Brasil de então as condições objetivas para serem exercidas por parcela da população (Viotti da Costa, 2001; Carvalho, 2002).

---

4. Conforme o Capítulo 1.

A escravidão, na cultura lusitana da época, era algo aceito especialmente para os governos e para a Igreja, uma vez que a mesma não se constituía nem em crime nem em pecado, pois, segundo a orientação doutrinária religiosa, era a alma que não poderia ser aprisionada (Viotti da Costa, 2001).

Com essa prerrogativa, a base produtiva brasileira foi assentada no trabalho escravo, e o tráfico dos mesmos foi atividade intensa, só interrompida por grandes pressões internacionais, principalmente da Inglaterra, berço das idéias liberais,[5] que exigiu, para o reconhecimento da independência do Brasil, a proibição do mesmo (Carvalho, 2002; Viotti da Costa, 2001). Para isso, estabeleceu-se um tratado entre Brasil e Inglaterra que, ratificado em 1827, deu origem à Lei de 1831, que considerava o tráfico de escravos como pirataria. Entretanto, o tráfico de escravos só foi interrompido em 1850, quando novamente o país foi pressionado pela Inglaterra, que invadiu os portos brasileiros para afundar navios suspeitos de transportar escravos (Carvalho, 2002).

Embora cessado o tráfico nessa época, o trabalho escravo permaneceu até 1888, quando a escravidão foi abolida no Brasil. No entanto, este fato histórico importante não alterou substancialmente as condições de vida da maioria da população brasileira, e, portanto, continuaram persistindo, nas relações sociais, os traços nos quais se assentou a relação de trabalho do período escravocrata, o que dificultou sobremaneira a garantia dos direitos civis e políticos.

Agregado à condição do trabalho escravo, outro elemento importante para a compreensão do processo e do formato da constituição dos direitos no Brasil é a questão da grande propriedade, que traz no seu bojo o padrão das relações de poder. Nas grandes propriedades, a lei que vigorava era a dos coronéis, que se portavam como donos não só dos escravos, mas também dos trabalhadores que dependiam deles para viver. Criam-se aí as condições objetivas da ideologia do favor, da relação de dependência pessoal, a ponto de Schwarz (1981) apontar que o favor, no Brasil, é uma mediação quase universal. Assim sendo, pode-se indicar que quando a relação de trabalho está ba-

---

5. Conforme já enunciado no Capítulo 1.

seada na submissão e no compadrio, elimina-se a possibilidade de uma relação livre e de cidadania.

Nas grandes propriedades havia a presença de escravos, submetidos aos preceitos de não serem humanos e servirem aos desejos de seus donos, até mesmo no que se referia à sua vida. Além deles, havia uma população que legalmente era livre, mas que para viver dependia das benesses de seus patrões, os quais provinham os recursos para sua subsistência. Era uma população analfabeta e sem nenhuma perspectiva de sobrevivência fora da órbita da propriedade e dos desejos dos senhores, o que os colocava em situação de similaridade aos escravos (Viotti da Costa, 2001; Novais, 2001).

Esses grandes proprietários acabavam por criar um sistema de justiça interno, onde suas decisões se tornavam leis no âmbito de suas propriedades, e a elas se submetiam todos que vivessem nas grandes fazendas. Em suas mãos, a justiça, que "é a principal garantia dos direitos civis, tornava-se simples instrumento do poder pessoal. O poder do governo terminava na porteira das grandes fazendas" (Carvalho, 2002: 21). E tanto na relação pessoal como na estabelecida pelos governos com os grandes proprietários, essa característica do compadrio se fez presente.

Na realidade, as relações sociais entre proprietários, escravos, governo e população em geral retratavam as manifestações de um sistema de produção agroexportador que teve vigência nos quatro primeiros séculos da história política, econômica e social brasileira. Essa forma perpassa os períodos caracterizados como Colônia e Império, onde, do ponto de vista econômico, ocorreram os ciclos do pau-brasil, da cana-de-açúcar e da mineração, do café e da borracha.

A forte estrutura social centralizada no governo e nos grandes proprietários cerceava a circulação de informações e a construção da organização de movimentos coletivos. Era comum, em 1800, a proibição da entrada de livros vindos da Inglaterra e da França, por se constituírem em elementos de fomentação da discórdia. As idéias iluministas da Revolução Francesa e as idéias inglesas oriundas da Revolução Industrial eram consideradas indesejáveis, por incitar os trabalhadores, influenciando movimentos inconvenientes para o Brasil.

Apesar de todas essas proibições, as idéias circularam no Brasil, trazidas pelos estudantes das famílias abastadas que iam fazer sua formação na Europa (Viotti da Costa, 2001). Porém, encontravam pouco eco, pois, é preciso lembrar, nessa época, que

"o setor mais importante da burguesia era constituído por comerciantes, na sua maioria, portugueses e funcionários da coroa, visivelmente, interessados na preservação do sistema colonial e dos privilégios, portanto, pouco receptivos às reivindicações emancipatórias." (Viotti da Costa, 2001: 91)

Desse modo, a constituição de uma classe burguesa, tão importante para os movimentos de consolidação dos direitos civis e políticos europeus, realizou-se no Brasil com características diferentes, pois, conforme registros da época, mais interessava a essa burguesia incipiente a apropriação do Estado para o exercício de seus interesses privados. Para tanto, permanecia fiel ao poder absoluto do rei, que retribuía essa fidelidade distribuindo títulos de nobreza e terras (Dallari, 2000; Viotti da Costa, 2001; Novais, 2001).

Em relação a essa apropriação particular e aos privilégios, é importante destacar que:

"Entre os vícios herdados do período colonial, um dos mais graves é a concepção de que os interesses privados são sempre absolutamente predominantes, justificando-se, inclusive, o uso do governo, do aparato administrativo e de todos os recursos públicos para a satisfação do interesse exclusivo de uma pessoa, ou de um grupo de elite." (Dallari, 2000: 449).

No período da Colônia e do Império, os movimentos sociais no país restringiam-se em discutir a dependência econômica da Coroa e os pesados tributos que o fisco impunha. A elite brasileira queria emancipar-se da tutela portuguesa, conservar sua liberdade de comércio, livrar-se do fisco, mas também queria manter o trabalho escravo. Esse período foi marcado pelos princípios liberais, cerceado e adstrito à relação comercial, onde a questão dos direitos civis e da liberdade individual não tinha relevância.

"As idéias liberais são, no Brasil, uma tradição que remonta aos fins do séc. XVIII, quando as tensões criadas pela crise do sistema deram origem a uma série de movimentos revolucionários e conspiração contra a Coroa: Inconfidência Mineira (1789), Conjura do Rio de Janeiro (1794), Conjura Baiana (1797), Conspiração do Suassuna (1801) e, finalmente, Revolução Pernambucana de 1817, o mais importante de todos os movimentos." (Viotti Da Costa, 2001: 84)

No entanto, esses movimentos, embora com suas características e dificuldades de organização, representavam embriões de grupos que questionavam o poder absoluto da Coroa portuguesa de regular a vida econômica e social brasileira.

Dentre as dificuldades vivenciadas está o aspecto da localização geográfica. As distâncias geográficas do Brasil dificultavam sobremaneira a expansão dos movimentos de cunho nacional, ficando os mesmos circunscritos em localidades pontuais, pois a não-existência de meios de comunicação e transporte ágeis impedia, de certa maneira, que as idéias fossem difundidas em larga escala e facilitava a repressão, por parte das forças militares da época, aos movimentos (Viotti da Costa, 2001).

Outra característica dos movimentos revolucionários brasileiros da época é que, em sua composição, a maior parte era representada pela minoria de sujeitos letrados, pelos grandes proprietários, pelos representantes da Igreja. Desses movimentos estava alijada grande parte da população, representada pelos negros escravos, mestiços e brancos pobres (Viotti da Costa, 2001; Novais, 2001).

Essa composição gerava grande desconfiança entre a elite letrada e a população. Os movimentos revolucionários queriam a independência comercial de Portugal, mas temiam as idéias de igualdade e liberdade entre a população. Tanto que qualquer iniciativa popular era logo cerceada. "A principal fraqueza dos movimentos revolucionários ocorridos antes da independência residia no profundo receio que os líderes dos movimentos experimentavam em relação às massas" (Viotti da Costa, 2001: 95).

Qualquer proximidade com a população iletrada era considerada ultrajante, o que pode ser observado no trecho de uma carta de João Lopes Cardoso de 1817:

"Vossa Mercê, [...] não suportava que chegasse a Vossa Mercê um cabra, com o chapéu na cabeça e bater-lhe no ombro e dizer-lhe: — Adeus, Patriota, como estais, dá cá tabaco, ora tomais do meu, como fez um cativo de Brederodes ao Ouvidor Afonso. Felizmente, o cabra recebera o justo castigo: já se regalava com 500 açoites." (Viotti da Costa, 2001: 96)

Esse trecho da carta aponta o importante papel que a população poderia ter no sentido de dar sustentação aos movimentos da época e para com a proximidade de igualdade social, que era enfaticamente repudiada.

O papel da Igreja católica também foi de suma importância nos movimentos revolucionários. Se na Europa a disputa por direitos aconteceu à revelia da Igreja, ou melhor, pelo direito de escolha de credo, no Brasil, como o que se disputava era a liberdade frente à Coroa portuguesa, a Igreja aderiu a essa luta, defendendo seu direito de não sofrer interferência direta do Reino. Participou de vários movimentos revolucionários, tanto que "da revolução de 1817, chegou-se a dizer que foi uma revolução de padres, tal o número de padres filiados ao movimento" (Viotti da Costa, 2001: 23). Essa participação também se constituiu numa característica peculiar dos movimentos liberais brasileiros; enquanto, na Europa, os mesmos se davam a contrapelo da Igreja, no Brasil foi feita uma conciliação com a mesma (Viotti da Costa, 2001).

As organizações secretas e as lojas maçônicas[6] tinham, na sua composição, um número elevado de padres, que utilizavam desde o púlpito para pregações até suas vinculações com o sistema educacional para incitar contra o poderio do Reino (Viotti da Costa, 2001).

No início do século XIX, em razão das guerras napoleônicas na Europa, a Família Real portuguesa veio para o Brasil, e a então Colônia passou à condição de Reino Unido de Portugal e Algarve. Essa condição foi traduzida pela transferência não só da corte para o Brasil, mas pela assimilação de toda estrutura burocrática e administrativa, bem como pelo reforço da economia agroexportadora, agora com

---

6. Segundo Viotti da Costa (2001: 88), a maioria dos movimentos revolucionários da época teve como foco as lojas maçônicas.

liberdade de negociar com outros países, uma vez que o rei d. João VI decretou, em 1808, que o porto brasileiro era livre para o comércio. Uma das conseqüências desse deslocamento da corte portuguesa para o Brasil foi o crescimento do movimento pela independência do país.

Em 1820, a Revolução do Porto, em Portugal, que foi realizada contra o Estado absolutista e a favor da forma constitucional de governo, ideário próprio do liberalismo, forçou a volta de d. João VI para Portugal. Nessa revolução, os portugueses defendiam para Portugal um Estado liberal, mas continuavam a defender a dependência do Brasil, reivindicando inclusive o corte das medidas liberais implantadas no país em 1808.[7]

Para os portugueses revolucionários, a idéia do Brasil independente era indesejável, uma vez que dependiam das riquezas da Colônia para manter o império português. As idéias liberais, como apontado no Capítulo 1, eram compatíveis com a submissão do Brasil, pois se baseavam na inexistência da autonomia e na necessidade de mantê-lo subjugado aos interesses portugueses.

Com a ida de d. João VI para Portugal, assumiu d. Pedro I, e, já nesse momento, no Brasil, os grupos que defendiam a independência tinham visibilidade e influência junto a d. Pedro I, criando as condições necessárias para o movimento que resultou na independência do Brasil, em 1822. A idéia de independência no Brasil estava alicerçada numa proposta de monarquia dual, onde a separação dos países ficasse restrita apenas às atividades comerciais. Essa idéia, defendida no Brasil, foi contestada pelos portugueses, que pretendiam manter a relação de dependência do Brasil a Portugal (Viotti da Costa, 2001).

Um país independente exigia uma Constituição que o organizasse. E a organização e a formatação dessa Constituição passou a retratar, especialmente no campo dos direitos, os elementos da sua herança histórica: dependência política, processo de trabalho escravocrata e relações de poder, centralizadas nos grandes proprietários.

---

7. Para uma detalhada análise sobre esse momento no Brasil, consultar Viotti da Costa (2001).

Os mesmos grupos que defenderam a independência do Brasil sustentaram o processo de construção da eleição da Assembléia Nacional Constituinte. De um lado encontravam-se os conservadores, cujo expoente foi José Bonifácio, de outro, os radicais, representados por Gonçalves Ledo.

No processo de eleição da Assembléia Nacional Constituinte, José Bonifácio defendeu a eleição indireta para os constituintes. Já Gonçalves Ledo propunha o voto direto, denunciando a elitização do processo indireto. Dessa disputa resultaram uma eleição indireta e a perseguição política ao grupo de Gonçalves Ledo.

Os defensores do voto indireto justificavam-no por meio do argumento de que não era possível realizar-se uma eleição com a participação de uma população analfabeta e pobre, e argumentavam que se "em um país de população homogênea em que estão difundidas as luzes e virtudes sociais, são mais vantajosas as eleições diretas, tal não sucedia no Brasil, por isso as eleições indiretas pareciam as mais adequadas"[8] (Viotti da Costa, 2001: 114-5).

O resultado desse movimento foi a Constituição de 1824, que, contraditoriamente, apontava a liberdade individual, o direito de propriedade, o preceito da educação primária gratuita, estabelecia a igualdade de todos perante a lei e afirmava a liberdade de pensamento e expressão, dentre outras garantias, mostrando, assim, sua afinidade conceitual com a Declaração dos Direitos do Homem e do Cidadão, de 1789.

> "O artigo 179 que garantia as liberdades individuais inspirava-se diretamente da Declaração dos Direitos do Homem, feita pelos revolucionários franceses em agosto de 1789. Havia parágrafos que eram mera transcrição. Omitiram-se entretanto a afirmação constante na Declaração dos Direitos do Homem da soberania da nação [...], a definição da lei como expressão da vontade geral e a declaração do direito dos povos de resistirem à opressão. As omissões se explicam tendo em vista a intenção de organizar um Estado Monárquico Constitucional, de repre-

---

8. *Instruções para eleição da Assembléia Nacional Constituinte*, elaboradas por Caetano Pinto de Miranda Montenegro.

O DIREITO SOCIAL E A ASSISTÊNCIA SOCIAL...

sentação limitada pelo critério censitário, eleição indireta, e pela intenção de manter escravizado mais de 1/3 da população." (Viotti da Costa, 2001: 123)

A influência da Declaração dos Direitos do Homem e do Cidadão e das idéias liberais que a conformam foi introduzida na vida dos brasileiros da época sob a lógica da expressão "para inglês ver",[9] uma grande contradição entre o enunciado da lei e o que acontecia na realidade, no Brasil.

As garantias eram usufruídas por uma parcela ínfima da população, aquela que podia manter-se e participar da vida política do país. O trabalho escravo foi mantido nessa época e conviveu, paradoxalmente, com a Constituição e com as idéias liberais que conformavam o ideário mundial da época e que defendiam a abolição de qualquer forma de escravidão.

A transcrição dos princípios constitucionais aconteceu em um Brasil que convivia com uma realidade similar àquela que fez com que os revolucionários ingleses e franceses realizassem os movimentos que resultaram na conquista efetiva desses direitos. Além disso, como aponta a literatura, a assunção desses princípios constitucionais não representava efetivamente os interesses dos constituintes e nem da sociedade brasileira em geral (Dallari, 2000; Viotti da Costa, 2001).

Dentro dessa concepção, algumas idéias liberais que consubstanciam os direitos civis e políticos foram incorporadas pela Constituição de 1824, a primeira sob a égide de um país independente e que foi escrita 35 anos após a Declaração dos Direitos do Homem e do Cidadão.

"A emancipação política realizada pelas categorias dominantes, interessadas em assegurar a preservação da ordem estabelecida, cujo único objetivo era romper o sistema colonial no que ele significava de restri-

---

9. Expressão cunhada a partir do acordo que o Brasil realizou com a Inglaterra em 1831 para acabar com o tráfico de escravos. Embora feito no campo formal, não teve nenhuma repercussão na vida concreta da sociedade brasileira, que continuou realizando o tráfico até 1850 (Carvalho, 2002).

ção à liberdade de comércio e à autonomia administrativa, não ultrapassaria seus próprios limites. A ordem econômica seria preservada, a escravidão mantida [...]. A fachada liberal construída pela elite europeizada ocultava a miséria e escravidão da maioria dos habitantes do País." (Viotti da Costa, 2001, p. 125)

A sociedade que formulou a Constituição de 1824 estava apoiada numa realidade que pouco, ou quase nada, tinha de características da sociedade desejada pelos ideais que a fundamentaram. O modo como foram incorporadas, na vida concreta dos brasileiros, as regras constitucionais de 1824 representa uma particularidade de uma sociedade com características autoritárias e conservadoras. Na visão de Chaui:

"Estruturada a partir das relações privadas, fundadas no mando e na obediência, disso decorre a recusa tácita (e às vezes explícita) de operar com os direitos substantivos e, portanto, contra formas de opressão social e econômica: para os grandes, a lei é privilégio; para as camadas populares, repressão." (Chaui, 2000: 90)

Essa forma de estruturar as relações entre sociedade e Estado e entre os grandes proprietários e os trabalhadores vai ser a tônica presente ao longo da história do país, repercutindo de maneira relevante na consolidação do campo dos direitos, sejam eles civis, políticos ou sociais.

A Constituição de 1824 organizou o Estado brasileiro que passou a ser composto por quatro poderes: Executivo, Legislativo, Judiciário e Moderador. Este último referendava o direito do rei de nomear livremente os ministros de Estado, sem consultar o Legislativo.

O direito de votar ficou estabelecido para todos os cidadãos livres, do sexo masculino, que tivessem 25 anos ou mais, e uma renda mínima de 100 mil-réis.[10] Em se tratando de chefe de famílias, oficiais

---

10. Segundo Carvalho, o critério de renda não excluía eleitores entre os trabalhadores, uma vez que era insignificante para a época. Em 1876, o menor salário do serviço público era de 600 mil-réis (Carvalho, 2002: 30).

militares, bacharéis, clérigos e empregados públicos, o limite de idade diminuía para 21 anos.

Excluíram-se do direito do voto os escravos, as mulheres e os homens que não se enquadrassem nas exigências acima enunciadas. As regras permitiam que um número mais expressivo de brasileiros votasse, mas isso não significava a efetividade desse direito político, pois, se do ponto de vista formal o fato significava um grande avanço, do ponto de vista substantivo o que é possível verificar é a persistência dos velhos padrões de regulação da vida brasileira transportados para o campo dos direitos políticos.

O jogo de interesses dos grandes proprietários e do governo tinha força substantiva na escolha feita pelos eleitores, que eram induzidos e/ou obrigados a eleger os candidatos escolhidos pela elite nacional.

Nesse período, a história brasileira registrou fatos que denunciam desde a entrega pronta do voto[11] até o aprisionamento dos eleitores à véspera das eleições para a garantia dos votos.[12] Assim, o direito político do voto foi utilizado como um instrumento com o objetivo de referendar as velhas formas de relações de compadrio e de patrimonialismo, persistentes na formação sociohistórica brasileira, em vez de representar um ato de autonomia do cidadão de escolher seus representantes.

Nessa época, as outras formas de se expressar os direitos políticos, como o direito a se organizar em associações ou de ser votado, foram também submetidas a cerceamentos por parte da elite nacional, pois os direitos políticos estavam atrelados à manutenção da sociedade brasileira dentro dos seus padrões tradicionais.

Quanto ao atendimento das necessidades sociais da população, os registros dessa época são de que não havia preocupação com essa questão. A subsistência da mão-de-obra escrava e dos trabalhadores livres, porém submetidos aos grandes proprietários, era responsabilidade desses proprietários. O trabalho com os que ficavam à margem

---

11. Ressalva-se que, nessa época, não existia cédula de votação.
12. Para aprofundamento do tema, ver Carvalho (2002: 29-38).

dessa realidade era feito pelos religiosos, sem interferência do Estado, criando-se, a partir dessa época, as condições para a caracterização dessa área como campo da filantropia ou da iniciativa de cunho privado.

A emergência dos direitos sociais foi ser constituída a partir do trabalho dos imigrantes europeus, que, no século XVIII, fugindo das guerras, se instalaram no Brasil e foram, aos poucos, substituindo a mão-de-obra escrava. Das idéias européias, que chegaram por meio dos imigrantes, surgiram as primeiras demandas por atendimentos na área social e foram tencionadas as estruturas de mando da sociedade brasileira (Dallari, 2000).

As respostas a essas demandas foram sendo construídas pela elite nacional como concessões, e sempre é visualizado o movimento de antecipação de parte dessas elites ao atendimento das demandas, que é, na sua grande maioria, feito na lógica do favor. A estrutura arcaica da sociedade brasileira é fundamental na avaliação de como se estabeleceu, no país, a conquista dos direitos, pois se na Europa a burguesia pressionou para a criação de um Estado liberal, nacional e laico, no Brasil:

> "Importadas, estas idéias não encontrariam [...] uma estrutura socioeconômica correspondente. Seu sentido seria limitado: enquanto na Europa serviam a uma burguesia vigorosa, ligada ao desenvolvimento das manufaturas e das indústrias, em luta contra uma aristocracia em crise, no Brasil elas iriam ser defendidas pela 'aristocracia rural' e por uma débil e pouco expressiva 'burguesia' que dependia quase totalmente do Estado ou das categorias rurais." (Viotti da Costa, 2001: 90-1)

E essa elite demonstrava não ter nenhum interesse em promover alteração substantiva na cultura política da sociedade brasileira, resultando daí uma sociedade conservadora, onde as relações dos "que se julgam iguais são de parentesco, isto é, de cumplicidade ou de compadrio" (Chaui, 2000: 89) e as dos desiguais são "o do favor, da clientela, da tutela ou da cooptação" (Chaui, 2000: 89). Essas características, persistentes ao longo da trajetória do Estado brasileiro, constituíram um entrave à concretização dos direitos, sejam eles civis, políticos ou sociais.

O tratamento ao povo que reclamava por atendimento às suas demandas era feito por intermédio de mecanismos ora de privilégios, ora de repressão, fenômenos estes historicamente presentes na sociedade. Se era de interesse do projeto da elite nacional, havia um movimento para sua concessão; caso contrário, a repressão era utilizada como instrumento de desmonte dos movimentos pela garantia dos mesmos.

O Brasil do tempo da proclamação de sua independência herdou a existência de uma sociedade escravocrata, uma economia monocultora e latifundiária e um Estado absolutista (Carvalho, 2002). Estas características dificultaram sobremaneira a implantação de mecanismos transformadores e garantidores de direitos, como é possível observar pelos acontecimentos que conformaram a formação sociohistórica brasileira.

A dependência econômica, primeiro na condição de colônia portuguesa e, depois, por meio de acordos estabelecidos com a Inglaterra, gerou uma entrada tardia no sistema de produção capitalista. O trabalho assalariado só foi ser uma condição exigida pelos imigrantes, que, fugindo das guerras, aqui se instalaram, principalmente no Sudeste e Sul do país,[13] substituindo gradativamente o trabalho escravo e "significando a introdução de elementos novos, não só em termos de cultura, mas também quanto à consciência de direitos e deveres nas relações de trabalho e na convivência social de modo geral" (Dallari, 2000: 462-3). Essa demanda encontrou uma elite pouco disposta a negociar e a ceder e uma estrutura social também pouco afeita a mudanças.

Essas características persistiram no período republicano. Os governos que se sucederam após a Proclamação da República e a promulgação da Constituição de 1891 reiteraram a condição do país de escrever como lei aquilo que não se pretende cumprir. Embora as es-

---

13. As primeiras colônias de imigrantes foram a Colônia de Nova Friburgo no Rio de Janeiro, fundada em 1818, e a Colônia de São Leopoldo no Rio Grande do Sul, fundada em 1823 (Dallari, 2000).

truturas legais referendadas pelas constituições[14] apontem, na maioria delas, a criação de um corpo de direitos reconhecidos pela lei, a realidade da sociedade brasileira tem mostrado situações paradoxais, resultantes de vários embates, com avanços e retrocessos no campo dos direitos civis, políticos e sociais.

O inconformismo com a realidade brasileira foi evidenciado por meio de inúmeros movimentos sociais que se sucederam os quais desde o Brasil Colônia, caracterizaram-se por questionar a ordem instituída[15]. Dentre eles, a Revolta da Vacina, em 1902, no Rio de Janeiro, onde a população protestou contra a possibilidade de o Estado invadir suas casas e vacinar à força as pessoas, denotava uma característica do povo brasileiro de não aceitar qualquer intervenção do Estado na sua vida privada ou religiosa (Carvalho, 2002). Aliás, as revoltas de cunho religioso também tiveram importante papel na sociedade brasileira, dentre elas, a de Canudos (1893-97) na Bahia, e a do Contestado (1912-16), no Paraná e em Santa Catarina. Essas revoltas buscavam criar comunidades vinculadas a um líder religioso que se contrapunham à ordem estabelecida. Os dois movimentos foram arrasados por forças militares do governo central, em conjunto com os estados, demonstrando, com isso, a incapacidade de convivência da sociedade brasileira da época com idéias divergentes. Esse traço é percebido como persistente em muitos momentos da história brasileira. Embora a Constituição de 1891 permitisse a livre escolha religiosa, garantisse direitos iguais a todos perante a lei e a inviolabilidade do lar, a história mostra como o Estado e a elite tratavam os que ousavam divergir da ordem estabelecida.

---

14. As constituições são consideradas instrumento potente na definição dos direitos dos homens, na sua vida societal, são propostas que têm raiz no contrato social e no pensamento de Hobbes, Locke e Rousseau. "Porque em sua obra se firma, pela primeira vez, a idéia de que os homens não são apenas súditos, sujeitos de deveres em relação ao poder ao qual devem obediência, mas cidadãos, sujeitos de direitos em relação a esse poder e, em última instância, fonte de onde o poder se origina. O poder soberano de organizar a vida dos homens em sociedade não mais deriva de Deus e encarna no monarca, mas deriva da vontade dos homens e expressa-se nas leis por eles criadas e, em especial, na Grande Lei de sua Constituição, que funda as nações e as organiza enquanto Estado" (Quirino & Montes, 1992: 14-5).

15. Para aprofundar esse assunto, ver Carvalho (2002: 64-83).

Em relação à Constituição de 1891, é possível observar que a mesma foi escrita colocando como princípios básicos alguns atributos que são indicativos da presença de características da formulação de alguns direitos civis, políticos e social, como pode ser observado nas informações constantes no Quadro 3.

Quadro 3
A Constituição brasileira de 1891 e as identificações dos direitos civis, políticos e sociais

Constituição de 1891	Síntese dos Direitos		
Artigos	Civis	Políticos	Sociais
Artigos 70, 71, 72	— todos são iguais perante a lei; — direito ao credo diferenciado; — direito de propriedade — inviolabilidade do lar; — liberdade de imprensa; — *habeas corpus*; — direito à defesa; — sigilo de correspondência.	— votar e ser eleito, para maiores de 21 anos, com exceção dos mendigos, analfabetos, os praças e os religiosos; — direito de associação em qualquer instituição.	— livre exercício de qualquer profissão moral, intelectual e industrial.

Fonte: Sistematização da pesquisadora.

Esses direitos foram enunciados em um período em que, apesar de abolida a escravatura, a realidade dos trabalhadores brasileiros era pautada por condições inadequadas de vida; o sistema de governo se comportava como árbitro das relações sociais, utilizando-se de instrumentos de exceção, o que é também uma característica persistente na história política do Brasil; e a garantia desses direitos era restrita a uma pequena parcela da população (Viotti da Costa, 2001; Carvalho, 2002; Novais, 2001). É importante assinalar que os direitos previstos nessa Constituição retratam exatamente os princípios historicamente constituídos na sociedade brasileira. Dentre eles, podemos destacar: a

relação de poder de uma classe sobre outra, a preservação da propriedade privada e a exclusão da parcela da população que não tinha o
perfil obreiro.[16]

No campo dos direitos, embora alguns já estivessem escritos na
Constituição, a relação entre o povo, a elite e os governos fluía através
da ótica persistente da dádiva e do compadrio. Desse modo, a noção
de direito foi substituída pela de concessão, que tem como compromisso fundante a manutenção do *status quo*. E essa característica atra-
vessa os vários movimentos e regimes políticos da sociedade brasileira, construindo uma relação de dependência entre quem detém o poder, a terra, os meios de produção e o capital *versus* aqueles que vivem
e sobrevivem à margem da riqueza socialmente produzida e que têm
incorporado a "concessão social" como demarcadora de sua vida e o
"direito social" como categoria intangível pela ótica da cidadania.

Embora a história brasileira esteja repleta de acontecimentos que
apontam uma trajetória com muitos obstáculos para a realização de
mecanismos garantidores de direitos no campo civil, político e social,
é preciso percorrê-la para compreender por que a desigualdade social
é persistente na conformação dessa sociedade.

Os traços constitutivos de uma sociedade dependente, com economia baseada no trabalho escravo e com relações sociais delimitadas
pelo campo privado, darão a trajetória dos direitos, características que
serão persistentes nessa sociedade. Baseado nisso, Carvalho (2002)
analisa a construção dos direitos no Brasil como uma trajetória de inversão de caminho, onde os direitos sociais são os primeiros a ser efetivados, para depois se consolidarem os direitos civis e políticos. Para
isso, aponta que é no Brasil de 1930 que aparecem características que
mostram essa inversão. Portanto, para compreender essa trajetória é
preciso observar a realidade do Brasil a partir de 1930, as constituições que regeram a vida social, política e econômica brasileira e os
governos que consolidaram mecanismos que ou foram consagrado-

---

16. A proibição do direito político do voto aos mendigos e aos analfabetos é objeto de
análise do Capítulo 3.

res desses direitos, ou apenas os enunciaram, ou ainda referendaram fórmulas de os aniquilarem.

2. O Brasil de 1930 a 1964: a presença da legislação social na área trabalhista

O caráter populista[17] e desenvolvimentista[18] — características políticas que marcaram a trajetória sociohistórica brasileira nesse período e que, resguardadas as suas particularidades, são a síntese das heranças construídas desde o Brasil colônia — demarcou os governos que exerceram o poder, no Brasil, de 1930 a 1964. Essas características tiveram repercussões na discussão sobre a questão dos direitos civis, políticos e sociais e se evidenciaram nas linhas-mestras que sustentaram os referidos governos.

De 1930 a 1937, o Brasil foi governado por Getúlio Vargas, o qual assumiu o poder após o movimento denominado Revolução de 1930, que é apontado como conseqüência do rompimento do acordo oligárquico que vinha governando o Brasil até então[19] (Carone, 1991;

---

17. "Podemos definir como populistas as fórmulas políticas cuja fonte principal de inspiração e termo constante de referência é o povo, considerado como agregado social homogêneo e como exclusivo depositário de valores positivos, específicos e permanentes" (Bobbio; Matteucci & Pasquino, 1992: 980).

18. "Nas décadas de 50 e 60 predominou nos países subdesenvolvidos o projeto desenvolvimentista de origem cepalina, cuja meta era levar os países pobres ao clube dos desenvolvidos. Sustentava-se em dois pressupostos [...] o primeiro [...] pelo fato de que os países pobres iriam ascender na escala de riqueza, bem-estar e, eventualmente, poder. O segundo [...] os países pobres ascenderiam internacionalmente, porque seriam capazes de crescer a taxas superiores às dos países ricos. Em outras palavras, esse era um projeto de desconto histórico, considerado factível" (Santos, 1999: 163). Foi também "a ideologia que mais diretamente influenciou a economia política brasileira [...]. Herdeiro direto da corrente keynesiana que se opunha ao liberalismo neoclássico, esse ideário empolgou boa parte da intelectualidade latino-americana nos anos 40 e 50 e se constituiu na bandeira de luta de um conjunto heterogêneo das forças sociais favoráveis à industrialização e à consolidação de desenvolvimento capitalista nos países de ponta desse continente" (Mantega, 1990: 23).

19. Até 1930, os governos brasileiros constituíram-se no que se chamou a "política do café-com-leite", onde São Paulo e Minas Gerais alternavam a ocupação do poder. No período republicano de 1889 a 1930, conhecido como República Velha, nas 11 eleições presidenciais ocorridas, São Paulo elegeu seis presidentes, e Minas Gerais, três (Love, 2000: 130).

Fiori, 1995*b*; Corsi, 2000; Fausto, 2001). A Revolução de 1930 sustentava-se nas condições objetivas enfrentadas pelo Brasil depois da grande depressão enfrentada pelo mundo capitalista, após o "*crash* da Bolsa de Nova Iorque" (Corsi, 2000), e no movimento do tenentismo,[20] que apresentou como propostas para o novo governo a "nacionalização dos bancos estrangeiros, das minas e quedas de água, o combate gradativo ao latifúndio, reformas na área trabalhista, [...] instituição do salário mínimo, proteção da mulher e do menor, limitação da jornada de trabalho" (Fausto, 2001: 248).

As condições desfavoráveis da economia agroexportadora brasileira, centrada no café, que teve seu preço reduzido drasticamente no mercado internacional (Carone, 1991; Corsi, 2000; Fausto, 2001), favoreceram o processo da Revolução de 1930. As problemáticas socioeconômicos brasileiras evidenciaram-se: houve uma queda significativa do Produto Nacional Bruto — "Estima-se que o Produto Nacional Bruto tenha caído 18,7% em 1930 e 11,75% no ano seguinte" (Corsi, 2000: 37) — e, houve, nas cidades, um agravamento das condições de vida da população, com redução da atividade econômica, trazendo como conseqüência o desemprego. Estima-se que cerca de dois milhões de pessoas estavam desempregadas ou semidesempregadas. Só na cidade de São Paulo calculava-se em 100 mil o número de desempregados. Muitas fábricas fecharam suas portas, e outras trabalhavam apenas três dias por semana (Carone, 1991; Carvalho, 2002).

Foi esse cenário que deu sustentação à vitória do movimento de 1930. Getúlio Vargas, num primeiro momento, rompeu com a oligarquia que vinha governando o país desde a Primeira República para, posteriormente, refazer o pacto com a oligarquia cafeeira, tendo como meta a manutenção da governabilidade, concedendo os privilégios que já tinham, como a manutenção do preço, com a compra do excedente pelo governo, que, inclusive, queimou parte do estoque com o objetivo de sustentar o preço (Carone, 1991; Fiori, 1995b; Fausto, 2001).

---

20. O movimento do tenentismo teve origem em 1922, quando jovens tenentes se insurgiram contra o poder oligárquico do governo da época e realizaram a Revolução dos 18 do Forte, sendo derrotados. Novamente se rearticularam no governo Vargas de 1930 (Fausto, 2001).

No entanto, a reorganização do pacto em torno da governabilidade contou, dessa feita, com a presença de novos atores no cenário político do país, representados por parcelas das classes médias brasileiras, principalmente da população das zonas urbanas, que defendiam medidas que interferissem na melhoria da qualidade de vida.

A política do governo Vargas centrou-se na tentativa de organizar as relações entre capital e trabalho. Seu primeiro ato foi criar, em 1930, o Ministério do Trabalho, que, segundo o ministro da época, Lindolfo Collor, tinha como função "harmonizar as relações entre os que dão e os que recebem o trabalho, devendo, na República Nova, se esforçarem todos para substituir o conceito de luta de classes pelo de conciliação" (Carone, 1991: 25). Para essa harmonização, criou-se um sistema corporativo, por meio da legislação de sindicalização. O Decreto nº 19.770, de 19 de março de 1931, de autoria de Joaquim Pimenta e Evaristo Moraes, instituiu as condições para se formalizar os sindicatos, que necessitavam da aprovação do Ministério para funcionar e se constituíram em órgão de colaboração com o poder público. Essa colaboração estendia-se à participação nos conselhos mistos e permanentes de conciliação e de julgamento e à aplicação das leis que regulavam os meios de diminuir conflitos suscitados entre empregadores e trabalhadores (Carone, 1991). É fundamental salientar, para melhor compreensão, que, nesse período, começaram a ser gestadas as condições para uma mudança substantiva no sistema econômico brasileiro, que vai ser deslocado do eixo agroexportador para o urbano industrial e, assim, exigir um posicionamento frente às demandas postas pela nova ordem produtiva e pelos trabalhadores.

A regulamentação das relações entre capital e trabalho foi a tônica do período, o que parece apontar uma estratégia legalista na tentativa de interferir autoritariamente, via legislação, para evitar conflito social. Toda a legislação trabalhista criada na época embasava-se na idéia do pensamento liberal brasileiro, onde a intervenção estatal buscava a harmonia entre empregadores e empregados. Era bem-vinda, na concepção dos empresários, toda a iniciativa do Estado que controlasse a classe operária. Da mesma forma, era bem-vinda por parte dos empregados, pois contribuía para melhorar suas condições de trabalho (Carone, 1991).

Nesse sentido, o governo Vargas investiu na formulação de legislações que foram delineando uma política baseada na proposta de um Estado social autoritário que buscava sua legitimação em medidas de cunho regulatório e assistencialista. Essas características apontam a conformação inicial de um sistema de proteção social de tipo conservador ou meritocrático-particularista, com fortes marcas corporativas e clientelistas na consagração de privilégios e na concessão de benefícios (Draibe, 1993).

Passaram a ser critérios de inclusão ou exclusão nos benefícios sociais[21] a posição ocupacional e o rendimento auferido. Estes critérios colocaram somente os trabalhadores urbanos em posição de privilégio, pois sua vinculação ao mercado formal de trabalho era a garantia de inserção nas políticas sociais da época. Esse corte de inclusão deu-se ainda numa realidade onde a maioria dos trabalhadores estava vinculada ao trabalho rural e, portanto, desprotegida. As medidas regulatórias criaram um clima favorável ao deslocamento da base produtiva, incentivando a vinda dos trabalhadores rurais para os centros urbanos, em busca de melhores condições de vida. Essa legislação, embora autoritária e controladora, constituiu-se num avanço das relações entre trabalhadores, empregadores e governos, pois partiu de um patamar de inexistência de garantias, característica que demarcava o trabalho rural da época.

Procurando dar visibilidade a essa política, o governo atuou fortemente no campo previdenciário. Nos primeiros anos de sua gestão, Getúlio Vargas estimulou a expansão das Caixas de Aposentadoria e Pensão (CAPs).[22] As CAPs asseguravam como benefícios o direito à aposentadoria (velhice ou invalidez), a obtenção de socorro médico (para si e a sua família), o recebimento de pensão ou pecúlio pelos familiares, e a compra de medicamentos a preços reduzidos, sendo

---

21. O nome é bastante sugestivo, uma vez que os instrumentos criados são apresentados como benefício, não como direito. Esse critério para além da semântica representa a discussão central na questão dos direitos sociais no Brasil.

22. A primeira CAP foi criada em 1923, por meio da Lei Eloy Chaves, e dirigia-se aos ferroviários. É baseada nessa estrutura que se deu a expansão da Previdência no Brasil, a partir de 1930.

O DIREITO SOCIAL E A ASSISTÊNCIA SOCIAL...

mantidas pela contribuição compulsória dos empregados e empregadores, sem a participação do Estado.

Essa política alterou-se em 1933, quando começaram a ser criados os Institutos de Aposentadoria e Pensões (IAPs),[23] seguindo o caráter centralizador do Estado, que passou a indicar seu presidente, tendo, assim, voz ativa na sua administração. Os institutos começaram a ter a característica de atuarem congregando todos os trabalhadores brasileiros do âmbito de sua competência; no entanto, oportunizaram a fragmentação e o controle da classe trabalhadora, organizando-a nacionalmente, mas estimulando a criação de benefícios diferenciados e criando novos mecanismos de controle do Estado frente a suas demandas, constituindo-se em elemento adicional de divisão da classe trabalhadora, "à medida que obstaculiza a organização do conjunto de trabalhadores em torno de interesses comuns" (Fundação de Economia e Estatística, 1983: 31).

Os institutos, visando dar conta das demandas de seus trabalhadores filiados, conforme seu potencial de recursos, criaram benefícios diferenciados de um instituto para outro e bastante diferenciados das caixas, que continuaram a existir, até 1953, para as categorias de menor força organizativa e financeira. Quanto ao processo de gestão, os institutos constituíram-se em espaço privilegiado para a manutenção do controle dos trabalhadores, pois embora os mesmos fossem geridos com paridade entre empregados e empregadores, a presidência era instituída por indicações do governo, que, assim, tinha poderes de intervir na administração dos recursos da categoria, o que deve ter proporcionado a "drenagem de seus recursos para financiamento de empreendimentos econômicos estratégicos para a industrialização do país" (Cohn, 1999: 19).

---

23. Vários institutos foram criados no Brasil nessa época. São eles: Instituto de Aposentadoria e Pensão dos Marítimos (IAPM), em 1933; Instituto de Aposentadoria e Pensão dos Comerciários (IAPC), em 1934; Instituto de Aposentadoria e Pensão dos Bancários (IAPB), em 1934; Instituto de Aposentadoria e Pensão dos Industriários (Iapi), em 1936; Instituto de Aposentadoria e Pensões dos Trabalhadores do Transporte e Carga, em 1938; e Instituto de Aposentadoria dos Servidores Civis (Ipase), em 1938.

O sistema previdenciário desse período, além de proporcionar a cobertura dos riscos ligados ao trabalho, também assumiu, em diversas categorias, o enfrentamento da questão habitacional. Nesse sentido, os institutos passaram a viabilizar aos trabalhadores empréstimos imobiliários, chegando, inclusive, a financiar núcleos habitacionais.

> "Essa nova estrutura previdenciária, implementada juntamente com a legislação trabalhista e sindical, formando o que alguns denominam 'tripé', institui um padrão verticalizado de relação do Estado com a sociedade civil e sacramenta o universo do trabalho como atinente à esfera de responsabilidade do Ministério do Trabalho." (Cohn, 1999: 17).

A legislação trabalhista incidiu sobre a regulamentação do trabalho feminino e dos menores na indústria; a fixação da jornada de trabalho de oito horas para os comerciários e industriários; a alteração na forma de negociação salarial, com a instituição das convenções coletivas de trabalho, comissões mistas de conciliação e julgamento; a instituição de férias aos comerciários e operários industriais; e o estabelecimento de normas reguladoras da questão dos acidentes do trabalho (Fundação de Economia e Estatística, 1983).

Em relação à área sindical, por meio do já citado Decreto n° 19.770, de 19/3/1931, o governo regulamentou a sindicalização dos empregadores e empregados, submetendo o funcionamento e as finanças das organizações sindicais à fiscalização do Estado.

Todo esse aparato legal, que se dirigiu basicamente ao trabalhador urbano, foi referendado pela Constituição de 1934, quando esta define o campo dos direitos assegurados ao povo brasileiro. Isto pode ser mais bem evidenciado nos dados contidos no Quadro 4.

Em relação à Constituição de 1891, o texto aponta a evidente regulação do trabalho formal e o atendimento das necessidades geradas a partir dos centros urbanos. Amplia o direito de voto, estendendo-o às mulheres, o que pode estar vinculado à crescente mobilização urbana e à necessidade de ampliar o leque de sustentação para o projeto do país.

No campo dos direitos, a Constituição de 1934 referendou os direitos civis de acordo com o ideário liberal, que pode ser observado

O DIREITO SOCIAL E A ASSISTÊNCIA SOCIAL...

Quadro 4
A Constituição brasileira de 1934 e as identificações dos direitos civis, políticos e sociais

Constituição de 1934	Síntese dos Direitos		
Artigos	Civis	Políticos	Sociais
Artigos 106, 107, 108, 109, 110, 111, 112, 113, 114, 115, 120, 121, 122, 123, 125, 138, 139, 140, 141, 144, 145, 146, 147, 148, 149, 150, 151, 152, 153, 154, 155, 156, 157, 158	— todos são iguais perante a lei; — não-distinção de credo, sexo, raça e classe social; — liberdade de consciência e de credo; — sigilo de correspondência; — inviolabilidade do lar; — direito de segurança; — *habeas corpus*.	— direito ao voto dos maiores de 18 anos, com exceção dos analfabetos, praças e mendigos; — liberdade de associação; — pluralidade sindical; — criação da Justiça do Trabalho.	— legislação trabalhista; — proibição de diferença de salário para o mesmo trabalho; — salário mínimo; — jornada diária de oito horas de trabalho; — proibição do trabalho de menores de 14 anos, do trabalho noturno para menores de 16 anos, do trabalho insalubre para menores de 18 anos e mulheres; — repouso remunerado; — férias anuais remuneradas; — indenização por dispensa do trabalho sem justa causa; — regulamentação especial para o trabalho agrícola; — domínio do solo após dez anos de ocupação da terra (garantidos dez hectares); — amparo aos desvalidos; — estimular a educação eugênica; — amparo à maternidade e à infância; — atendimento às famílias com prole numerosa; — direito à educação primária integral e gratuita.

Fonte: Sistematização da pesquisadora.

nos documentos, tratados e constituições de outros países. Indica a igualdade perante a lei e mantém grande parte da população afastada do usufruto dos direitos políticos e sociais. Para a argumentação central deste livro, assinala-se a proibição do voto dos analfabetos e mendigos, bem como a constituição de direitos sociais majoritariamente no campo do trabalho formal e urbano.[24]

A Constituição de 1934 vigorou até 1937, quando Vargas, através de um ato de força, implantou um período ditatorial conhecido como Estado Novo. O golpe de Estado que gerou uma ditadura que durou até 1945 foi arquitetado em nome do necessário processo de modernização exigido pelo estágio do capitalismo brasileiro:

> "[...] uma modernização [...] de talhe conservador, feita 'pelo alto' e 'passivamente', reforçou ao extremo a presença estatal na sociedade, impôs séria derrota à democracia e jogou o País, sete anos depois da chegada do governo da Revolução de 1930, em uma das mais perversas ditaduras de sua trajetória republicana: o Estado Novo." (Garcia, 1998: 21)

A legitimação do Estado Novo foi sustentada pela criação de um projeto social de recorte autoritário, com sua ação voltada para a arena dos direitos sociais, entendidos como necessários ao processo de industrialização em curso no país. Buscava também a institucionalização da pressão da classe operária, transformando-a de categoria social marginalizada, cuja súbita intervenção política autônoma podia tornar-se perigosa, em um setor controlável, no jogo das forças sociais (Sola, 2001).

Para realizar o projeto do Estado Novo, Vargas decretou uma nova Constituição, que, por ser inspirada na da Polônia, ficou conhecida como Polaca. De caráter fascista, foi elaborada por Francisco Campos, sem a participação do Poder Legislativo, uma vez que o Congresso Nacional e as assembléias dos estados se encontravam fechadas por ato do Poder Executivo (Quirino & Montes, 1987). A síntese dos direitos instituídos nessa Constituição podem ser visualizados no Quadro 5.

---

24. Essas características são retomadas no final do capítulo e analisadas em conjunto com as das demais constituições do período.

Quadro 5

A Constituição brasileira de 1937 e as identificações dos direitos civis, políticos e sociais

Constituição de 1937	Síntese dos Direitos		
Artigos	Civis	Políticos	Sociais
Artigos 115, 116, 117, 118, 119, 120, 121, 122, 123, 124, 125, 126, 127, 128, 129, 130, 132, 133, 136, 137, 138, 139, 140, 141, 142, 148, 151	— todos são iguais perante a lei; — direito à liberdade, à segurança individual e à propriedade; — *habeas corpus*	— direito ao voto aos maiores de 18 anos, com exceção dos analfabetos, dos militares em serviço ativo e dos mendigos; — liberdade de associação; — direito a reuniões; — direito à posse da terra para os índios, sem direito de alienação; — a lei pode prescrever: a) censura prévia à imprensa, ao cinema, ao teatro e ao rádio; b) medidas para impedir manifestações públicas; c) crimes contra o Estado serão julgados; — dissolução da Câmara dos Deputados, do Senado Federal, das assembléias legislativas dos estados e das câmaras municipais.	— ensinos pré-vocacional e educacional destinados às classes menos favorecidas, enquanto prioridade do Estado; — amparo à infância e à juventude; — aos pais miseráveis assiste o direito de serem auxiliados na educação da prole; — ensino primário obrigatório e gratuito; — legislação trabalhista; — proibição de diferença de salário para o mesmo trabalho; — salário mínimo regional; — jornada diária de oito horas de trabalho; — proibição do trabalho de menores de 14 anos, do trabalho noturno para menores de 16 anos, do trabalho insalubre para menores de 18 anos e mulheres; — repouso remunerado; — férias anuais remuneradas; — indenização por dispensa do trabalho sem justa causa. — necessidade de reconhecimento do sindicato pelo Estado; — greve considerada anti-social e nociva.

Fonte: Sistematização da pesquisadora.

Os direitos enunciados na Constituição de 1937 diferem basicamente dos da 1934 pela possibilidade de intervenção direta do Estado no exercício desses direitos, controlando-os a partir do projeto econômico e social do Estado Novo. Contraditoriamente, a Constituição manteve a maioria dos direitos enunciados em 1934, mas criou mecanismos para suspendê-los, ao serem considerados restritivos ao projeto do governo.

Permaneceu, no campo dos direitos civis, o enunciado clássico dos direitos liberais apontados pelos documentos internacionais e inspiradores das constituições brasileiras.

No campo dos direitos políticos, persistiu a proibição dos votos para os analfabetos e os mendigos. O texto, no que se refere aos demais direitos políticos, é bastante paradoxal, uma vez que permite o direito de reunião genericamente, mas institui censura prévia e medidas para impedir manifestações públicas, dentre outras.

No campo dos direitos sociais, novamente a área trabalhista ganhou ênfase, mas houve uma intervenção maior do Estado, com uma regulamentação mais dura em relação à organização dos trabalhadores, proibindo inclusive manifestações de greve. Também nessa área, ampliou os benefícios às classes menos favorecidas, indicando a obrigatoriedade de o Estado fornecer o ensino pré-vocacional e o educacional. Dessa forma, buscou ampliar o leque de opções de mão-de-obra para o projeto de desenvolvimentismo via industrialização em curso e também a legitimidade do governo perante a população pobre. É preciso não esquecer que essa Constituição foi encomendada literalmente pelo presidente.

A ditadura Vargas (1937-45) voltou sua atenção para o controle da classe trabalhadora, utilizando como recurso a legislação social fortemente centrada no controle estatal. Nesse período, o controle dos sindicatos, por meio de uma nova legislação criada em 1939, inspirada na Carta de Lavoro italiana, de cunho fascista, impôs uma forma mais controlada da ação dos sindicatos.[25] É criado o imposto sindical,

---

25. Apareceram aí os "pelegos", denominação usada para indicar os representantes do governo, que passaram a ter voz ativa na estrutura sindical, sempre defendendo a posição governamental e a dos patrões.

O DIREITO SOCIAL E A ASSISTÊNCIA SOCIAL...

com o qual o governo interferiu na viabilidade financeira dos sindicatos e, com isso, ganhou mais poder para exercer seu controle (Fundação de Economia e Estatística, 1983; Carone, 1991; Fiori, 1995b; Carvalho, 2002).

Em 1940, dando continuidade à proposta trabalhista de Getúlio, foi regulamentado o salário mínimo, que já constava como direito nas constituições de 1934 e 1937. De caráter regional, destinava-se a manter o empregado dentro das condições de sobrevivência. O fato de ter sido concebido com caráter individual quanto à manutenção do empregado, sem mencionar sua família, acarretou para o salário mínimo repercussões importantes no seu valor.

Em 1942, buscando legitimidade junto à população pobre, o governo criou a Legião Brasileira de Assistência (LBA), com o objetivo de assistir, primeiramente, às famílias dos pracinhas que foram para a guerra, e logo depois estender seu trabalho à população pobre, principalmente com programas na área materno-infantil. A LBA representou o braço assistencialista do governo, que centrou na figura da primeira-dama Darcy Vargas a coordenação da instituição. Esse traço clientelista e vinculado à benemerência apresentou-se persistente por muitos anos na política assistencial brasileira.[26]

Ainda durante o governo Vargas, em 1943, foi criada a Consolidação das Leis Trabalhistas (CLT), que reúne toda a legislação da área desde 1930. Essa consolidação trabalhista criou a carteira de trabalho, instituiu jornada diária de oito horas, férias remuneradas, salário-maternidade e criou a área de segurança e a medicina do trabalho. Assim, consolidava-se de maneira sistemática um rol de direitos que orientavam o governo Vargas no sentido de manter atrelado à sua tutela o campo dos direitos relativos ao trabalho, organizando as relações entre capital e trabalho (Fundação de Economia e Estatística, 1983).

O perfil das políticas sociais do período de 1937 a 1945 foi marcado pelos traços de autoritarismo e centralização técnico-burocrático, pois emanavam do poder central e sustentavam-se em medidas autoritárias. Também era composto por traços paternalistas, baseava-se na

---

26. Sobre a Legião Brasileira de Assistência, consultar Araújo (2002).

legislação trabalhista ofertada como concessão e numa estrutura burocrática e corporativa, criando um aparato institucional e estimulando o corporativismo na classe trabalhadora.

Todo esse aparato estava voltado para o fornecimento das condições exigidas pelo desenvolvimento do setor industrial, uma política que se desenvolveu com forte apelo junto à população empobrecida e às classes trabalhadoras. Essa mesma política que se desenvolveu com traços marcadamente vinculados a um Estado repressivo cimentou os argumentos que foram usados para destituir Vargas do poder, em outubro de 1945.

Assim, o excessivo centralismo estatal e o uso de repressão para manter alinhados os movimentos reivindicatórios no Brasil começaram a ser questionados a partir da participação do Brasil na Segunda Guerra Mundial.

> "A participação do Brasil na guerra contra as forças fascistas contribuiu para o fortalecimento do pensamento liberal e democrático que vinha sendo veiculado por setores da elite, acabando por provocar um enfraquecimento do autoritarismo estadonovista." (Fundação de Economia e Estatística, 1983: 86)

Ocorreram várias manifestações públicas exigindo a volta da democracia e do governo constitucional. O poder de Getúlio Vargas enfraqueceu-se, e, apesar do movimento do "queremismo",[27] em 29 de outubro de 1945, o Governo foi deposto por uma junta militar. Ainda assim, Vargas manteve seu poder político, criando dois partidos, a saber, o Partido Trabalhista Brasileiro (PTB), vinculado às massas trabalhadoras urbanas, e o Partido Social Democrata (PSD), vinculado às oligarquias rurais (Fundação de Economia e Estatística, 1983; Fiori, 1995b; Carvalho, 2002).

Os governos que se sucederam de 1946 a 1964 tiveram uma orientação política com características democráticas trabalhistas de orien-

---

27. Movimento lançado em 1945 pelo Partido Trabalhista Brasileiro (PTB), com o apoio do Partido Comunista Brasileiro (PCB), pedindo a permanência de Getúlio Vargas no poder. A tradução do queremismo era: "Queremos a Constituição com Getúlio" (Vieira, 1995).

tação populista, mantiveram o Estado de cunho liberal e priorizaram um trabalho voltado para a política de expansão da indústria e para políticas dirigidas às oportunidades educacionais. Ocorreu nesse período a criação do sistema "S": Serviço Social da Indústria, Serviço Social do Comércio e Serviço Nacional de Aprendizagem Industrial, que buscavam organizar o atendimento à saúde dos trabalhadores e criar sistemas educacionais voltados para a necessidade técnica do processo de industrialização (Fundação de Economia e Estatística, 1983; Draibe, 1993; Fiori, 1995b). A criação desse sistema canalizava recursos oriundos dos empregadores e dos trabalhadores para a criação de um tipo específico de formação profissional, aquela requerida pelo processo econômico brasileiro, e, além disso, conformava o perfil de trabalhador que seria útil ao sistema.

O período que iniciou com o governo de Eurico Gaspar Dutra (1945-50) criou as condições para o processo de redemocratização do Brasil. Nesse período, foi promulgada a Constituição de 1946, que, de orientação liberal, procurou restituir à sociedade civil sua iniciativa e aos cidadãos alguns direitos essenciais (Quirino & Montes, 1987), como se pode observar na síntese apresentada no Quadro 6.

A grande novidade da Constituição de 1946 refere-se ao fato de ela ter abolido os instrumentos que cerceavam as liberdades dos cidadãos, garantindo-se, no campo dos direitos sociais, a liberdade de associação sindical e inclusive o direito de greve.

Observa-se que o texto constitucional mantém a prioridade de regulação para a área dos direitos trabalhistas, recolocando aqueles que já estavam garantidos anteriormente e implementando outros, como o direito à Previdência Social e o direito à greve. A novidade do texto refere-se ao uso da propriedade privada, pois a Constituição acrescentou a utilização vinculada também à função social, novidade esta que gerou muitas polêmicas na sociedade da época, devido ao projeto de reforma agrária que começou a ser discutido (Quirino & Montes, 1987).

Em relação aos direitos políticos, destaca-se que apesar de permitir o voto a todos os maiores de 18 anos, manteve a proibição do voto aos analfabetos e aos que não saibam exprimir-se em língua na-

Quadro 6

A Constituição brasileira de 1946 e as identificações dos direitos civis, políticos e sociais

Constituição de 1946	Síntese dos Direitos		
Artigos	Civis	Políticos	Sociais
Artigos 129, 130, 131, 132, 133, 134, 135, 136, 137, 138, 139, 140, 141, 142, 143, 144, 145, 146, 147, 148, 156, 157, 158, 159, 160, 161, 162, 163, 164, 166, 167, 168	— todos são iguais perante a lei; — direito à liberdade, — segurança individual e da propriedade; — *habeas corpus;* — mandado de segurança; — liberdade de pensamento e de crença; — proíbe a pena de morte.	— direito ao voto aos maiores de 18 anos, de ambos os sexos, com exceção dos analfabetos, dos praças de pré e dos que não saibam exprimir-se em língua nacional; — voto secreto; — liberdade de associação; — direito a reuniões.	— direito ao trabalho; — uso da propriedade condicionado ao bem-estar social; — salário mínimo para satisfazer as necessidades dos trabalhadores e de sua família; — jornada diária de oito horas de trabalho; — proibição de salário desigual para o mesmo trabalho por motivo de sexo, nacionalidade ou estado civil; — salário de trabalho noturno superior ao do diurno; — participação dos trabalhadores nos lucros da empresa; — higiene e segurança no trabalho; — proibição do trabalho de menores de 14 anos e de mulheres e menores de 18 anos em indústrias insalubres; — direito da gestante de descanso antes e depois do parto; — estabilidade no emprego e indenização na dispensa do trabalhador urbano e rural; — convenção coletiva de trabalho; — assistência aos desempregados; — previdência com contribuição dos trabalhadores, dos empregadores e da União; — seguro para acidente do trabalho; — reconhecimento do direito de greve; — educação primária gratuita e obrigatória; — empresas industriais, comerciais e agrícolas com mais de 100 empregados são obrigadas a manter ensino primário e de aprendizagem ao trabalho; — repouso semanal remunerado; — férias anuais remuneradas; — indenização por dispensa do trabalho sem justa causa; — assistência à maternidade, à infância e à adolescência.

Fonte: Sistematização da pesquisadora.

cional. Esta última proibição, supõe-se, estava vinculada aos imigrantes, que, com suas idéias anarquistas, conforme já citado, influenciaram a formação sindical brasileira e difundiram os ideais de luta pelas condições dignas de trabalho no Brasil (Draibe, 1993; Carvalho, 2002).

A exclusão de uma parcela da população do direito ao voto continuou persistindo na Carta constitucional. Embora o texto de 1946 tenha retirado o termo mendigo, uma análise da realidade brasileira pode apontar que essa categoria estava contemplada também na dos analfabetos.

O governo de Eurico Gaspar Dutra, na lógica de manter a regulamentação e preocupado com a realidade social, estabeleceu como meta em 1948 a implantação do Plano Salte, planificando sua atuação nas áreas de saúde, alimentação, transporte e energia. Esse é o primeiro plano governamental que introduz a perspectiva de atendimentos à questão social nas preocupações do governo, incorporando, no campo do planejamento, políticas de cunho econômico e social. No texto de exposição das razões do Plano, salienta-se:

> "É imprescindível que os Poderes Públicos exerçam, efetivamente, uma vigorosa e perseverante política de valorização do homem, começando, simultaneamente, por auxiliá-lo a curar as moléstias que o afligem ou o ameaçam; por facilitar-lhes os recursos e instrumentos de trabalho que o habilitem a produzir maior quantidade e melhor qualidade de gêneros alimentícios para o seu consumo e seu comércio; por conceder-lhes os meios de transporte que reclama desde os tempos coloniais, para o integral povoamento e compensatória exploração do solo e finalmente por colocar ao seu alcance a energia e combustíveis de que necessita para o maior rendimento de seu trabalho." (Fundação de Economia e Estatística, 1983: 165-66)

Nesse plano, o governo deu destaque principalmente para a área da saúde, o que se efetivou, em grande parte, apenas pelo discurso, uma vez que os recursos alocados na época eram insuficientes para a grandeza dos problemas (Fundação de Economia e Estatística, 1983). Em relação ao Plano Salte, a literatura mostra que foram poucos efetivamente os avanços conseguidos no país.

Em relação aos trabalhadores, Dutra governou com insensibilidade aos apelos da classe trabalhadora (Fundação de Economia e Estatística, 1983), voltando as ações do governo para uma política repressiva às demandas do mesmo. Embora constitucionalmente as greves estivessem permitidas, todos os movimentos nesse sentido foram energicamente desmontados pelo governo Dutra.

Foi essa política repressiva aos trabalhadores que deu margem à vitória de Getúlio Vargas em 1951, que voltou ao poder, então, pela via da eleição direta (Fundação de Economia e Estatística, 1983; Vieira, 1995; Callage Neto, 2002).

Em 1951, Getúlio Vargas retornou ao poder, pela primeira vez por meio do voto direto, mas bastante pressionado pelo espectro de alianças que o elegeram: de um lado, os partidos conservadores e, de outro, grande parcela da população, que votou no "Pai dos Pobres", esperando ver cumprida a promessa de criação de programas na área social. Essa política de traços eminentemente nacionalistas e populistas (Vieira, 1995; Carvalho, 2002) contava com o apoio dos trabalhadores e de sua estrutura sindical, dos setores nacionalistas do empresariado, da intelectualidade brasileira e das Forças Armadas, bem como do Partido Trabalhista Brasileiro (Fundação de Economia e Estatística, 1983; Corsi, 2000).

A oposição a Vargas e ao projeto de seu governo foi capitaneada pela União Democrática Nacional (UDN), principal partido de oposição a Vargas, pelos militares anticomunistas, que haviam criado, em 1949, a Escola Superior de Guerra (ESG), que se tornou, nessa época, centro de doutrinação anticomunista e antivarguista (Carvalho, 2002), pelo empresariado nacional comprometido com capital estrangeiro e pelas grandes multinacionais de petróleo, que não aceitaram, em 1953, a criação da Petrobras.

O mundo vivia nesse momento a égide da Guerra Fria, e o perigo do comunismo passou a ser uma ameaça apresentada sempre como eminente pela oposição ao governo (Carvalho, 2002). Nesse sentido, a política trabalhista e as alianças feitas pelo ministro do Trabalho, sob coordenação de João Goulart, com os sindicalistas eram utilizadas como argumentos para evidenciar esse perigo. O movimento dos tra-

O DIREITO SOCIAL E A ASSISTÊNCIA SOCIAL...

balhadores era considerado na época berço das idéias socialistas. Essa desconfiança ganhou destaque em 1953, quando Goulart propôs atender às demandas dos trabalhadores com o aumento de 100% do salário mínimo.

O programa do governo Vargas de 1951-54 sustentou-se novamente na tentativa de controlar os trabalhadores por meio das políticas trabalhistas. A urgência por medidas na área social e as imposições sofridas pelos trabalhadores urbanos no seu processo de trabalho geraram muitas manifestações públicas, uma vez que a estrutura sindical foi bastante atuante nesse período.

Nesse governo, Vargas continuava a usar um forte esquema repressivo para lidar com as opiniões divergentes. Exemplo emblemático desse recorte repressivo foi o episódio que resultou no crime da rua Toneleros, no Rio de Janeiro, quando as forças repressivas do governo tentaram matar Carlos Lacerda, principal opositor de Vargas. Desse atentado resultou a morte de um oficial do Exército e foi também a gota d'água para o suicídio de Vargas, em agosto de 1954 (Vieira, 1995; Carvalho, 2002). A morte de Vargas recompôs as forças em torno do processo trabalhista no país, pois as manifestações públicas que se sucederam à sua morte demonstraram o forte apoio popular, o que foi capitalizado pelo governo Juscelino Kubitschek.

Após a morte de Vargas, Café Filho, vice-presidente, assumiu o poder em 1954, e desse ano até 1955, quando foram realizadas eleições, a presidência do país foi assumida por Carlos Luz e Nereu Ramos. Em 1955, assumiu o governo eleito de Juscelino Kubitschek e João Goulart. O mandato destes últimos, que vai até 1961, constituiu-se num projeto baseado no nacionalismo desenvolvimentista.[28] Propuseram-se a governar por meio de seu Plano de Metas, definia a orien-

---

28. "A fundamentação ideológica do nacionalismo desenvolvimentista vinha do pensamento da Comissão Econômica para a América Latina (Cepal) e foi elaborado no país pelo Instituto Superior de Estudos Brasileiros, órgão criado em 1955, ligado ao Ministério da Educação" (Carvalho, 2002: 133). Baseava-se na idéia de que, para as nações latino-americanas, a industrialização, peça essencial para o nacionalismo desenvolvimentista, "seria o único caminho a trilhar se desejassem se tornar senhoras de seu próprio destino e, simultaneamente, se verem livres da miséria" (Cardoso de Mello, 1990: 20).

tação político, econômica e social para o desenvolvimento do Brasil, pretendendo desenvolver 50 anos em cinco anos.

> "O 'Plano de Metas' constituía-se [...] na peça-chave do planejamento do período e sob seu comando eram efetuados grandes investimentos em todas as áreas de infra-estrutura, como energia e transportes, e na área industrial, que foram distribuídas em cinco, foram setores prioritários: energia, transportes, indústrias básicas, alimentação e educação. Essas cinco metas foram divididas em outras trinta subsetoriais, que incluíam um programa de formação técnica e a construção de Brasília." (Haffner, 2002: 43)

Por meio desse plano, Juscelino Kubitschek priorizou a abertura da economia do país para o investimento externo, bem como para o processo acelerado de industrialização. Orientação política que "estimula uma urbanização acelerada e reproduz, permanentemente, uma massa de desempregados e subempregados que vegetam nos bolsões de marginalidade urbana e miséria rural, contribuindo, assim para ampliar as bases de um sistema social excludente" (Fiori, 1995b: 100).

Os programas de políticas sociais previstos no Plano de Metas, embora apontem uma ruptura com o compromisso único com os trabalhadores urbanos, tiveram sua abrangência limitada e cerceada pelo objetivo primeiro do governo, a sua meta econômica.

> "O período democrático dos anos 50 até início dos 60 foi insuficiente para modificação do padrão de regulação social. Apesar da maior presença da ação sindical, os anos de crescimento do Plano de Metas não foram acompanhados de avanço da questão social." (Dedecca, 2002: 31)

O fenômeno "questão social" parece não representar uma preocupação central para esse governo (Fundação de Economia e Estatística, 1983; Vieira, 1995), pois seu Plano de Metas apenas se referia à formação profissional como meta social a ser atingida, o que mostra que a grande preocupação se concentrava na área econômica.

No âmbito da esfera das políticas sociais destaca-se, desse período, a aprovação da Lei Orgânica da Previdência Social (LOPS), em 1960, de autoria do deputado Aluízio Alves, que tramitava no

Congresso desde 1947. Por meio dela, a Previdência foi unificada em termos de benefícios, universalizando-a a todos os trabalhadores urbanos do mercado formal e apontando sua centralização administrativa, o que só foi feito em 1966, por um ato arbitrário da ditadura militar, com a criação do Instituto Nacional de Previdência Social (INPS).

O governo de Juscelino Kubitschek é reconhecido por realizar grandes obras faraônicas, como Brasília, e estimular fortemente o processo de desenvolvimento, baseado na implantação da indústria automobilística no país. O investimento de recursos do Estado foi direcionado para a infra-estrutura necessária ao sucesso do projeto, especialmente a ampliação e a qualificação da malha rodoviária, pois a mesma é a principal via de escoamento da produção, bem como a implantação de várias medidas para atrair o capital estrangeiro e indústrias multinacionais para o país (Vieira, 1995; Haffner, 2002).

O desenvolvimento econômico da época acarretou, na realidade, um alto custo para os trabalhadores, à medida que veio acompanhado de um processo inflacionário que repercutiu na queda do poder aquisitivo dos salários (Fundação de Economia e Estatística, 1983). Essa situação pode ser evidenciada a partir do valor do salário mínimo real (Tabela 1).

Tabela 1
Salário mínimo real e nominal no Brasil — 1952-61

Meses/Anos	Salário Mínimo Nominal (Cr$)	Salário Mínimo Real (Cr$)
Janeiro de 1952	100	100
Janeiro de 1954	200	137
Agosto de 1956	316	142
Janeiro de 1959	500	136
Novembro de 1960	800	121
Outubro de 1961	1.220	129

Fonte: Haffner *apud* Lessa, 2002, p. 186.

A oscilação do poder aquisitivo do salário mínimo no transcorrer das décadas de 1950 e 60 foi um dos fatores que impulsionaram o perfil combativo que adquirem os movimentos sindicais da época, que se organizaram para reivindicar melhores condições de vida para a população trabalhadora.[29] Assim, os direitos garantidos pela Constituição de 1946 (Quadro 6) vão sendo referendados pela legislação trabalhista, que continuava a ter prioridade nesse período (Fundação de Economia e Estatística, 1983).

No período final do governo, Juscelino começou a ter seu plano questionado pela população em geral e pelos grupos políticos, principalmente, os vinculados à UDN. No entanto, apesar das manifestações contrárias, o mesmo conseguiu realizar um governo onde as instituições preservaram a via democrática para resolver as questões políticas, o que, afinal, se constituiu numa peculiaridade desse período (Vieira, 1995; Fundação de Economia e Estatística, 1983).

Em meio às manifestações sociais, Juscelino transmitiu o poder a Jânio Quadros, eleito em 1960, com apoio da UDN e com promessas moralizantes de grande efeito popular. O Governo Jânio Quadros durou somente sete meses, quando sua renúncia criou uma crise institucional pelo veto dado pelos militares ao então vice-presidente João Goulart, candidato apoiado pelo PSD e pelo PTB.

A vinculação com os sindicatos e a simpatia por projetos socialistas geraram movimentos para impedir a posse do vice-presidente. Uma proposta negociada pelo Congresso evitou o confronto militar. Assim, pela Emenda Constitucional n° 4 foi instituído o Parlamentarismo como forma de retirar poderes de João Goulart. Esse sistema só se sustentou até 1963, quando, através de um plebiscito, a população brasileira optou majoritariamente pelo presidencialismo, e Goulart assumiu então o poder definitivamente.

---

29. Dentre os organismos intersindicais mais importantes dessa década, destacam-se, segundo Lucilia de Almeida Neves, o Pacto de Unidade Intersindical (PUI) e o Conselho Intersindical dos Trabalhadores do Estado de São Paulo, criados em São Paulo, em 1953 e 1958, respectivamente. Foi fundado, também em São Paulo, o Movimento Sindical Democrático, entidade de orientação conservadora. No Rio de Janeiro, foram fundadas a Comissão Permanente das Organizações Sindicais (CPOS), em 1958, e o Pacto de Unidade e Ação (PUA), em 1960 (Fundação de Economia e Estatística, 1983).

O governo Goulart foi marcado por vários movimentos sociais. Em 1962, foi criado o Comando Geral dos Trabalhadores (CGT), surgido de embriões autônomos dos trabalhadores, que acabou dando origem, na década de 1980, à Central Única dos Trabalhadores (CUT). O Comando Geral dos Trabalhadores teve presença forte nas discussões com o governo acerca das necessidades dos trabalhadores para garantir qualidade de vida. No mesmo ano de sua criação, Goulart formou um grupo de estudos para reformar a CLT e instituiu o décimo terceiro salário. Posteriormente, em 1963, institui-se o salário-família, sendo todos esses direitos vinculados somente aos trabalhadores urbanos.

Deve-se ressaltar que os trabalhadores rurais, que até então não tinham sido alvo de legislações que garantissem proteção social, representavam, nessa época, a maioria dos trabalhadores do país, conforme dados constantes na Tabela 2.

Tabela 2
Participação da População Economicamente Ativa (PEA) rural e urbana
no total da PEA brasileira — 1950-85 (%)

	População Economicamente Ativa		
Anos	Urbana	Rural	Total
1950	40	60	100
1960	47	53	100
1970	56	44	100
1980	70	30	100
1985	75	25	100

Fonte: Fundação Instituto Brasileiro de Geografia e Estatística (IBGE).

A reversão da concentração dos trabalhadores para a zona urbana só aconteceu na década de 1970. Até então, a maioria dos trabalhadores brasileiros se concentrava no trabalho rural, sem assistência, a não ser aquela oriunda da relação pessoal com os empregadores, repetindo as condições de submetimento às regras impostas pelas oligarquias rurais, que, em troca de apoio para os governos, exigiam sua lealdade e a não-interferência estatal. Essa relação dificultava sobremaneira a organização dos trabalhadores rurais.

O primeiro movimento de trabalhadores rurais surgiu em 1955, com as Ligas Camponesas.[30] A movimentação dos trabalhadores rurais forçou a criação do Estatuto do Trabalhador Rural em 1963. Vários sindicatos foram criados, contando, inclusive, com o apoio da Igreja católica através da Ação Popular (AP). Em 1964, quando a Confederação dos Trabalhadores na Agricultura (Contag) foi criada, já englobava 26 federações e 263 sindicatos. Esse dado é da maior relevância, pois, em 1960, 55% da população do país ainda morava no campo, e o setor primário da economia ocupava 54% da mão-de-obra.

Essa estrutura sindical era vista com muita reserva pelos políticos conservadores, pois o processo de trabalho no campo estava construído sob uma base da sociedade brasileira que, apesar de todos os processos econômicos e sociais, não tinha se alterado. O campo era ainda domínio exclusivo das relações paternalistas e autoritárias dos donos de terra. Assim sendo, sindicalizar trabalhadores era muito ameaçador a esse poderio (Carvalho, 2002).

Além desse movimento, que vinha do campo, o Exército também enfrentava novamente a revolta dos quadros inferiores da hierarquia militar. Dessa vez não eram os tenentes, mas os sargentos que discutiam as regras eleitorais, que não lhes reconhecia o direito de serem eleitos. Essa luta contou com o apoio da União Nacional dos Estudantes (UNE) e da CGT, o que conferiu um quadro mais assustador para a hierarquia militar e os conservadores, pois trouxe para dentro dos quartéis opiniões de movimentos que nada tinham a ver com a estrutura militar, o que era considerado danoso.

Esse período do governo João Goulart foi pródigo em movimentos sociais, e muitas greves eclodiram no país. O governo negociava

---

30. É importante ressaltar o papel das Ligas Camponesas, criadas em 1955, em prol dos trabalhadores rurais. Eram sociedades civis, tinham como líder o deputado Francisco Julião e contaram com o apoio financeiro de Cuba desde 1961. Parte do pessoal vinculado às ligas, quando do regime da ditadura, optou pela luta armada (Carvalho, 2002).

O DIREITO SOCIAL E A ASSISTÊNCIA SOCIAL...

com trabalhadores, buscava apoio da Igreja, dos estudantes e de parcela do Exército e anunciava reformas sociais para enfrentar as péssimas condições de vida do povo brasileiro (Fundação de Economia e Estatística, 1983; Vieira, 1995; Carvalho, 2002; Callage Neto, 2002).

As reformas pretendidas pelo então presidente eram indesejáveis para os partidos de cunho liberal, como a UDN, para as oligarquias rurais e para o Exército. Foram essas forças reunidas, apoiadas por forte movimento anticomunista da classe média brasileira, que deram sustentação ao golpe militar de 1964, que conduziu o país a uma realidade bastante adversa na área dos direitos, sejam eles políticos, civis ou sociais.

Assim, de 1930 a 1964, o Brasil contou com nove governos que imprimiram características próprias à realidade do país, como já foi aqui apontado. Na realidade, são governos que têm características próprias, conforme pode ser percebido por meio da síntese contida no Quadro 7.

Quadro 7
Síntese cronológica dos governos brasileiros, segundo o
governante e características — 1930-64

Períodos	Governantes	Características
1930 a 1937	Getúlio Vargas	Governo presidencialista de recorte revolucionário
1937 a 1945	Getúlio Vargas	Estado Novo
1945 a 1950	Eurico Gaspar Dutra	Redemocratização do país
1950 a 1954	Getúlio Vargas	Presidencialismo de recorte populista (eleição direta)
1954 a 1956	Café Filho, Carlos Luz e Nereu Ramos	Transição
1956 a 1961	Juscelino Kubitschek	Presidencialismo de recorte desenvolvimentista
1961	Jânio Quadros	Presidencialismo de recorte moralizante
1961 a 1963	João Goulart	Parlamentarismo
1963 a 1964	João Goulart	Presidencialismo de recorte trabalhista

Fonte: Sistematização da pesquisadora.

Do ponto de vista da construção de mecanismos garantidores de direitos, os governos que administraram o país no período de 1930 a 1964 trabalharam com três constituições, conforme síntese apresentada nos Quadros 4, 5 e 6. Esses textos constitucionais enunciavam direitos civis na ótica liberal, inspirados pelos documentos e pelas constituições européias da época. Mesmo a Constituição de 1937, a Polaca, declarava a igualdade de todos perante a lei, garantia a propriedade privada e a liberdade de expressão. Os governos que antecederam Juscelino Kubitschek, embora regulados por constituições que garantiam a manifestação pública, a realização de reuniões e a liberdade de credo, usaram da violência para reprimir movimentos contrários a eles. A igualdade, conforme nos aponta Bobbio (1992), é só aquela formal.

Em relação aos direitos civis, esse período foi marcado pela orientação prevista na Constituição de 1934, que tem como centralidade a igualdade de todos perante a lei. No entanto, a preconizada igualdade ficou presa somente no amparo legal, pois, do ponto de vista substantivo às condições de vida do povo brasileiro, pouco se evidenciou a presença desses direitos.

Os direitos políticos foram sendo conquistados gradativamente. São desse período a extensão do voto às mulheres e o voto secreto, embora continue a proibição de voto para analfabetos e mendigos. Também é desse período a criação da Justiça Eleitoral, porém, como apontam Carvalho (2002) e Callage Neto (2002), além desses direitos, os outros de liberdade de associação e de manifestação política pública eram permitidos pelo texto constitucional, mas, em vários episódios, foram cerceados e/ou reprimidos.

Quanto aos direitos sociais, os mesmos foram restritos quase exclusivamente à área trabalhista, voltada para a pequena parcela dos trabalhadores urbanos (conforme dados da Tabela 2), que, por intermédio de suas organizações, conseguiram, em consonância com o projeto de desenvolvimento da época, garantir alguns direitos trabalhistas, que foram concedidos, na época, tão-somente como benefícios sociais. Observa-se, assim, que, nesse período:

"Uma parcela urbana minoritária torna-se usufrutuária permanente de direitos civis, políticos, sociais-trabalhistas, com influência de opinião e consumo. Já os vários estratos de classe e massas urbanas e rurais interconectadas por dependências [...] ficaram desprovidas de elementares informações de todos direitos possíveis." (Callage Netto, 2002: 177)

A assunção desses direitos foi sendo construída não só pelos textos constitucionais, mas também pelas propostas de política sociais que foram construídas pelos governos, que configuraram, dessa maneira, um projeto de Estado de bem-estar do tipo meritocrático particularista, de cunho conservador, conforme reflexões de Sônia Draibe (1993). Configurou-se, assim, um sistema de proteção social formulado a partir do Poder Executivo e orientado por uma política voltada ao trabalho urbano-industrial. Dessa forma, as políticas sociais podem ser caracterizadas como políticas de recorte seletivo, dirigindo-se a um grupo específico, e fragmentadas, pois responderam de maneira insuficiente às demandas. Os dados que compõem o Quadro 8 indicam como esses direitos e suas características foram implementados nesse período.

As propostas do Estado brasileiro no campo das políticas sociais assim sistematizadas mostram a trajetória de criação de uma estrutura institucional voltada a atender prioritariamente as demandas do trabalho urbano-industrial, mediando, assim, a relação capital e trabalho.

Mesmo no campo da educação, direito essencial nas idéias liberais, a garantia da mesma foi direcionada para a educação básica e a profissionalizante, buscando a sustentação do processo de industrialização.

Os dados sintetizados no Quadro 8 também apontam uma atuação setorial na órbita das políticas sociais, pois, somados os dados dos governos desses períodos, que compreendem 34 anos, demonstram que, embora já houvesse movimentos reivindicatórios organizados no período, em relação ao campo dos direitos, realizou-se no Brasil uma revolução pelo alto (Coutinho, 2000), uma vez que as alterações no campo das políticas sociais aconteceram sob o controle e pela determinação do Estado e fundamentaram-se na cidadania regulada (San-

Quadro 8
Sistema de proteção social no Brasil: periodização e transformação — 1930-64

Periodização	Previdência	Assistência Social e Programas de Alimentação e Nutrição	Saúde	Educação	Habitação	Trabalho
Introdução 1930 a 1943	Até 1930: formação de 47 Caixas de Aposentadoria e Pensões De 1933 a 1938: criação dos Institutos de Aposentadoria e Pensão	1940: Plano de Alimentação de Trabalhadores 1942: LBA	1930: criação do Ministério de Educação e Saúde 1942: instituição do Serviço Especial de Saúde Pública	Escolaridade básica de quatro anos 1931: Reforma Francisco Campos e organização do ensino secundário 1942: Reforma Capanema para o ensino secundário	Institutos de Aposentadoria e Pensões, financiando habitação para seus segurados	1932: Código de Menores (14 anos), jornada diária de oito horas; instituição da Carteira de Trabalho 1933-34: direito a férias 1940: Salário mínimo
Expansão fragmentada e seletiva 1943 a 1964	1953: unificação das CAPs dos ferroviários 1960: Lei Orgânica da Previdência Social	Anos 50: Programa de Alimentação de Gestantes e Programa de Alimentação Escolar	1953: Ministério da Saúde 1956: Departamento de Endemias Rurais	1953: Ministério da Educação 1961: Lei de diretrizes e Bases da Educação Nacional e Conselho Federal de Educação	1946: fundação da Casa Popular	1943: CLT e Carteira de Trabalho, jornada diária de oito horas, férias remuneradas; Segurança e Medicina do Trabalho; salário-maternidade 1949: repouso semanal remunerado 1962: gratificação de Natal 1963: Salário-família

Fonte dos dados brutos: DRAIBE, S. Brasil: o sistema de proteção social e suas transformações recentes. Série Reformas de Política Pública; n. 14, Santiago do Chile: Cepal/Naciones Unidas, 1993.

O DIREITO SOCIAL E A ASSISTÊNCIA SOCIAL...

tos, 1979), ou seja, aquela concedida pelo aparato legal, vinculada à ocupação funcional.[31]

As características desse período acabam por formatar, em grande parte, a trajetória dos direitos que foram, na sua maioria, mantidos nos textos constitucionais, no período subseqüente. No entanto, essa nova trajetória político-social vivida no Brasil foi marcada por uma forma específica de intervenção do Estado, onde as ações de cunho militar são as que moldaram o contorno tanto das políticas econômicas como das sociais.

3. O Brasil de 1964 a 1985: do cerceamento dos direitos à abertura democrática

Os militares assumiram o poder, no Brasil, a partir do golpe de 1964, com a proposta de acabar com o período do governo populista, erradicar o fantasma do comunismo e transformar o Brasil em uma grande potência internacional, tendo como perfil as suas ações o cunho burocrático e tecnicista (Vieira, 1995; Habert, 1996; Pereira, 2000; Carvalho, 2002).

"Os militares, associados aos interesses da grande burguesia nacional e internacional, incentivados e respaldados pelo governo norte-americano, justificaram o golpe como defesa da ordem e das instituições contra o perigo comunista. Na realidade, o acirramento da luta de classes estava no centro do conflito. O golpe foi uma reação das classes dominantes ao crescimento dos movimentos sociais, mesmo tendo estes um caráter predominantemente nacional-reformista." (Habert, 1996: 8)

O Brasil, como demonstram os dados históricos trabalhados desde o tempo da Colônia, era um país refratário à participação popular, e o período que antecedeu a ditadura militar foi marcado, intensiva-

---

31. Callage Netto (2002: 178-9) aponta que esse período gerou três modelos de cidadania: a) o modelo genericamente chamado de varguista, que gerou uma cidadania complementar-associado; b) o modelo juscelinista, que gerou uma cidadania regulada; e, por fim, c) o modelo do liberalismo conservador exportador-importador, que gerou uma cidadania subordinada.

mente, por manifestações populares que buscavam sustentação para as reformas necessárias à melhoria da qualidade de vida da população. Essas manifestações foram os ingredientes que contribuíram para que o golpe fosse realizado com o apoio das classes médias, das forças conservadoras e dos interesses do capital estrangeiro no país.

O golpe militar e a forma de governo estabelecida a partir dele tiveram uma incidência importante no campo dos direitos, uma vez que, embora nos discursos oficiais ainda se colocasse a democracia e a garantia dos direitos como razões para a existência da revolução, os instrumentos legais editados nesse período demonstram muitas razões para que se comprove o contrário.

Nos governos militares, a utilização da força e da repressão foram as estratégias mais utilizadas como forma de garantir o projeto que pretendia transformar o Brasil em grande potência econômica e realocar as condições necessárias à manutenção de sua relação com o capitalismo internacional.

O clima instalado no país poderia ser traduzido pela visualização de, no mínimo, dois Brasis. O primeiro, o da repressão, da tortura, do aviltamento de pessoas e de instituições, da censura, do aniquilamento dos que pensavam diferente; e outro que apontava para o progresso, o ufanismo, o verde-amarelismo,[32] reproduzidos sistematicamente pelos órgãos oficiais do governo (Vieira, 1995; Habert, 1996).

O segundo Brasil buscava cooptar a população, na sua maioria pobre, vivendo o arrocho salarial, a inflação, as precárias condições de vida, para a legitimação das medidas governamentais. Usava, para isso, a ameaça caricaturada persistente dos perigos do comunismo, uma ameaça sempre eminente. Os meios de informação, censurados, não permitiam à classe média brasileira e ao povo em geral conhecer realmente os atos arbitrários cometidos pelos governos e anunciavam ufanisticamente as realizações, especialmente no campo social, como produtos concretos do compromisso do governo com a população, principalmente a pobre.

---

32. Sobre o tema, consultar Chaui (2000: 31-45).

O DIREITO SOCIAL E A ASSISTÊNCIA SOCIAL...

No entanto, esse período de 21 anos e os governos que o formaram não podem ser tratados de forma homogênea,[33] embora o caráter autoritário, de utilização de instrumentos de exceção, especialmente os atos institucionais (AIs) e a firme ideologização de "salvadores da pátria" possam ser percebidos em todo o período. O Quadro 9 mostra os governos que compreendem esse período.

Quadro 9
Síntese cronológica dos governos brasileiros, segundo o
governante e características — 1964-85

Períodos	Governantes	Características
1964 a 1966	Humberto Castelo Branco	Governo de recorte liberal-tecnocrata
1967 a 1968	Arthur da Costa e Silva	Governo de recorte liberal-tecnocrata
1968 a 1974	Emílio Garrastazu Médici	Governo autoritário-tecnocrata de recorte repressor e ufanista
1974 a 1979	Ernesto Geisel	Governo liberal-tecnocrata e de transição para a abertura política
1979 a 1985	João Baptista Figueiredo	Governo liberal-tecnocrata e de efetivação da transição para a abertura política

Fonte: Sistematização da pesquisadora.

Desde Castelo Branco, os governos militares, embora tenham jurado cumprir a Constituição de 1946, usaram os atos institucionais[34] como forma de estabelecer as regras de convivência entre eles e a sociedade em geral.

Os atos institucionais que foram promulgados ao longo do período 1964-85 trouxeram no seu bojo as arbitrariedades e os regimes

---

33. Carvalho (2002) discutindo a questão da cidadania no Brasil, propõe dividi-los em três fases. A primeira, de 1964 a 1968; a segunda, de 1968 a 1974; e a terceira, de 1974 a 1985. Para aprofundamento desse tema, consultar Carvalho (2002: 157-8).

34. Os atos institucionais são concebidos como declaração solene, estatuto ou regulamento baixado por um governo que se auto-investe do poder constituinte, dispondo sobre alguma matéria, de modo tal a sobrepor-se à Constituição vigente (Quirino & Montes, 1987: 83).

de exceção enquanto patamares de relacionamento com a sociedade, o que coloca os governantes numa posição de similaridade com os reis absolutistas dos séculos XVI e XVII,[35] retomando, desse modo, a herança monárquica vivenciada ao longo do processo da formação histórica do Brasil, que já tinha começado a ser alterada pelos governos populares e democratas. Por outro lado, os atos institucionais apontam a forma de como os direitos civis, políticos e sociais eram concebidos e gestados, demonstrando, assim, os interesses dominantes desse período histórico.

O primeiro ato institucional foi decretado pelo presidente Castelo Branco em abril de 1964. Por meio dele: foram cassados os direitos políticos, pelo período de dez anos, de grande número de líderes políticos, militares e sindicais; aposentou-se um grande número de funcionários públicos civis e militares; os sindicatos e a UNE sofreram intervenções e foram fechados; foram criadas comissões de inquéritos militares; e foram centradas no presidente a decisão sobre política econômica e a tarefa de acabar com os comunistas. Já nesse primeiro ato observa-se a interferência do governo no campo dos direitos civis e políticos, desconhecendo o avanço da Constituição de 1946,[36] que é mantida apenas *pro forma* pelos governos militares (Quirino & Montes, 1987). Tanto o Ato Institucional n° 1 como os subseqüentes tiveram o papel de moldar as condições objetivas para que o regime econômico, político e social fosse implantado na sua totalidade, sem interferência e seguindo a lógica de que aos militares era delegada a tarefa de conduzir o país para seu pleno desenvolvimento, sem perigo de sobressaltos.

O Ato Institucional n° 2 foi decretado em outubro de 1965, e por meio dele foi abolida a eleição direta para presidente e foram dissolvidos os partidos políticos, estabelecendo o bipartidarismo como regime. Foi criada a Aliança Renovadora Nacional (Arena), composta pela base de sustentação do governo, e o Movimento Democrático Brasi-

---

35. Dados sobre cassações, fechamento das instituições, intervenções em partidos políticos e sindicatos, podem ser encontrados em Carvalho (2002: 164).

36. Consultar o Quadro 6.

O DIREITO SOCIAL E A ASSISTÊNCIA SOCIAL...

leiro (MDB), que congregava os partidos oposicionistas. Por meio de cassações de mandatos e criando os senadores biônicos, o governo manteve o Congresso aberto e com composição sempre favorável a seus atos, tratando de conservar sempre a maioria indispensável para a aprovação de suas medidas. Era um novo golpe na área dos direitos civis e políticos, que tornava a Constituição de 1946 sem sentido. Na esteira desse Ato foi promulgada a Constituição de 1967, cuja síntese dos direitos pode ser observada nos dados sintetizados no Quadro 10.

Essa Constituição recolocou, de certa maneira, os direitos já garantidos na Constituição de 1946 e, conforme já apontado anteriormente, inaugurou uma peculiar forma de concepção e gestão dos mesmos, cuja enunciação dos direitos tem como fundamento a ótica de que os direitos só seriam exercidos por aqueles que se submetessem às regras instituídas pelo governo militar. Caso contrário, era o regime de exceção que valia. Também foi modificada a forma de eleição do presidente da República, que passou a se dar por intermédio do Colégio Eleitoral.

Os atos arbitrários e os movimentos censurados em 1968 foram criando uma oposição por parte da sociedade civil, que se articulou para denunciar os atos da ditadura. Sua demonstração ocorreu das mais diversas formas, inclusive com manifestações de rua com grande participação popular.

> "O ano de 1968 — ano de contestações sociais, políticas e culturais em várias partes do mundo — assistiu à eclosão de um amplo movimento social de protesto e de oposição à ditadura, com destaque para o movimento estudantil e para a retomada do movimento operário com as greves de Osasco e Contagem." (Habert, 1996: 10)

Várias foram as manifestações para denunciar os atos da ditadura, as quais se de um lado demonstraram o poder organizativo da população, de outro reforçaram a política da censura e da repressão.

Dentre elas destaca-se o episódio ocorrido em março de 1968, no Rio de Janeiro, quando foi morto o estudante Edson Luís, depois da invasão da polícia militar em um restaurante estudantil. No dia seguinte à sua morte, 50 mil pessoas saíram às ruas para protestar. Três

Quadro 10

A Constituição brasileira de 1967 e as identificações dos direitos civis, políticos e sociais

Constituição de 1967	Síntese dos Direitos		
Artigos	Civis	Políticos	Sociais
Artigos 140, 142, 143, 144, 145, 146, 147, 148, 149, 150, 151, 157, 158, 159, 168, 170	— direitos concernentes à vida, à liberdade, à segurança e à propriedade; — todos são iguais perante a lei; — *habeas corpus*; — mandado de segurança.	— direito ao voto aos maiores de 18 anos, com exceção dos analfabetos, dos que não sabiam se exprimir em língua nacional e os privados dos direitos políticos; — liberdade de associação profissional ou sindical; — eleição do presidente por Colégio Eleitoral.	— direito ao trabalho; — valorização do trabalho como condição de dignidade humana; — função social da propriedade; — proibição de greve em serviço público e serviços essenciais; — salário mínimo para satisfação de necessidades de trabalho e familiar; — salário-família; — proibição de diferenças de salário e de critérios de admissão por sexo, cor e estado civil; — salário do trabalho noturno superior ao do diurno; — participação dos trabalhadores nos lucros das empresas; — jornada diária de oito horas; — repouso semanal remunerado; — férias anuais remuneradas; — higiene e segurança do trabalho; — proibição do trabalho aos menores de 12 anos, de trabalho noturno aos menores de 18 anos, do trabalho insalubre para mulheres e para os menores de 18 anos; — descanso remunerado a gestantes, antes e após o parto; — Previdência Social; — assistência sanitária, hospitalar e médica preventiva aos trabalhadores; — lei especial disporá sobre a assistência à maternidade, à infância e à adolescência e sobre a educação de excepcionais; — direito à educação primária.

Nota: Os direitos políticos e de ordem econômica e social foram alterados pelo Ato Institucional n. 5, de 13 de dezembro de 1968.

Fonte: Sistematização da pesquisadora.

meses depois, 100 mil estudantes fizeram uma enorme passeata no Rio de Janeiro. Também em setembro desse mesmo ano, depois de uma invasão da polícia militar na Universidade de Brasília, o deputado Márcio Moreira Alves fez um discurso, sugerindo boicote ao desfile de 7 de setembro e indicando que as mulheres não namorassem oficiais que não se comprometessem com a denúncia das violências cometidas. Esse discurso gerou uma crise institucional, pois o presidente entendeu o discurso como ofensivo às Forças Armadas e solicitou ao Congresso que retirasse a imunidade parlamentar do deputado, para que pudesse ser processado pelas Forças Armadas. O Congresso, num ato de rebeldia pouco comum à época, negou o pedido do governo. Costa e Silva, então presidente, decretou o mais nefasto dos atos institucionais, o AI-5.

Esse ato consagrou efetivamente o regime ditatorial e, por 11 anos, o País foi governado baseado no AI-5. Por meio dele, o Congresso foi fechado, o Executivo foi autorizado a legislar em todas as matérias previstas na Constituição, foram suspensas todas as garantias constitucionais ou legais de vitaliciedade, inamovibilidade e estabilidade. Permitiu-se ao presidente demitir, remover, aposentar ou transferir juízes, empregados de autarquias e militares. Suspendeu-se o *habeas corpus* para crimes contra a Segurança Nacional, e "autoritariamente foram reimpostas a ordem e a hierarquia necessárias à consolidação do regime, sob a supremacia do grande capital" (Fiori, 1995*b*: 106).

Esse Ato tornou a Constituição de 1967 obsoleta, e, para dar conseqüência ao AI-5, o governo editou a Constituição de 1969, que está resumida no Quadro 11.

Nessa Constituição, o campo dos direitos sociais trabalhistas permaneceu preservado, quando se referiam ao trabalhador de maneira individual. Em relação aos direitos políticos, manteve a proibição de voto aos analfabetos e àqueles que não saibam se exprimir em língua nacional. A garantia de voto foi colocada em uma realidade em que as eleições para presidente da República e para governadores, bem como as de senadores, não existem; e o regime de exceção foi acionado em qualquer situação considerada perigosa pelo governo.

Quadro 11
A Constituição brasileira de 1969 e as identificações dos direitos civis, políticos e sociais

Constituição de 1969	Síntese dos Direitos		
Artigos	Civis	Políticos	Sociais
Artigos 145, 146, 147, 148, 149, 150, 151, 152, 153, 154, 160, 161, 162, 163, 164, 165, 166, 175, 176	— direito à vida, à liberdade, à segurança e à propriedade; — todos são iguais perante a lei; — inviolabilidade do lar; — *habeas corpus*; — mandado de segurança	— direito ao voto maiores de 18 anos, com exceção dos analfabetos, dos que não saibam exprimir-se em língua nacional e dos privados dos direitos políticos	— direito ao trabalho; — salário do trabalho noturno superior ao do diurno; — participação dos trabalhadores nos lucros das empresas; — jornada diária de oito horas; — repouso semanal remunerado; — férias anuais remuneradas; — higiene e segurança do trabalho; — proibição do trabalho aos menores de 12 anos, de trabalho noturno aos menores de 18 anos, do trabalho insalubre para mulheres e para os menores de 18 anos; — descanso remunerado a gestantes, antes e após o parto — salário-família; — aposentadoria para mulheres com 30 anos de trabalho; — proibição de greve em serviços públicos e atividades essenciais; — lei especial disporá sobre a assistência à maternidade, à infância e à adolescência e à educação de excepcionais; — necessidade de apontar fonte de custeio para benefícios assistenciais.

Nota: Através do Capítulo V, artigos 155 a 159, o presidente pôde determinar o estado de sítio e o de emergência, nos quais são suspensos todos os direitos.
Fonte: Sistematização da pesquisadora.

Além desses atos, durante o governo Médici (1970-73) foram estabelecidas mais legislações que feriam os direitos já conquistados legalmente, como o estabelecimento da pena de morte, o banimento de sujeitos que transgredissem a ordem, o confisco de bens, a prisão perpétua e a ampliação da faculdade atribuída ao Executivo para legislar por decretos-leis (Quirino & Montes, 1987).

Usando essas prerrogativas de poder, em 1970 foi instalada a censura prévia a jornais, livros e aos demais meios de comunicação, que começaram a conviver com a figura do censor, geralmente um funcionário do governo. Nesse momento, qualquer reação contrária era energicamente tratada com repressão. Muitos foram os torturados, mortos e desaparecidos. A luta desigual entre quem se opunha e as forças repressivas do governo mostra um negativo saldo na história do país, saldo este que pode ser observado a partir dos seguintes referenciais:

> "A censura à imprensa eliminou a liberdade de opinião; não havia liberdade de reunião; os partidos eram regulados e controlados pelo governo; os sindicatos estavam sob constante ameaça de intervenção; era proibido fazer greves; o direito de defesa era cerceado pelas prisões arbitrárias; a justiça militar julgava crimes civis; a inviolabilidade do lar e da correspondência não existia; a integridade física era violada pela tortura nos cárceres do governo; o próprio direito à vida era desrespeitado." (Carvalho, 2002:163-4)

Se, de um lado, o país vivia essa realidade que atingia no âmago o exercício dos direitos civis e políticos, simultaneamente, na década de 1970, o Brasil viveu o momento que foi conhecido como o do "milagre econômico". A economia apresentou altos índices de crescimento, o consumo de bens duráveis alcançou patamares nunca antes vistos. Foram construídas estradas, hidrelétricas e consolidado um grande parque industrial no Brasil. O crescimento do Produto Interno Bruto revela o "milagre": em 1971, o PIB cresceu 11,3% ; 10,4% em 1972; e 11,4% em 1973 (Habert, 1996).

A política econômica da época, coordenada por Delfim Neto, tinha como parâmetro de exemplificação a receita do bolo, sendo que, primeiro, a economia tinha que crescer, para, depois, os resultados serem divididos. A conseqüência dessa orientação teve como produto a alta concentração de renda no Brasil. Segundo os dados apresentados por Habert (1996), em 1980, 1% da população concentrava renda quase igual aos 50% da população mais pobres.

Essa pujança econômica mostrava seu reverso especialmente no que se referia às condições enfrentadas pelos trabalhadores brasileiros: o arrocho salarial, as péssimas condições de vida nas cidades, a alta mortalidade infantil, o analfabetismo, dentre outras.

O "milagre econômico" sustentava-se em:

> "três pilares básicos: o aprofundamento da exploração da classe trabalhadora submetida ao arrocho salarial, às mais duras condições de trabalho e à repressão política; a ação do Estado, garantindo a expansão capitalista e a consolidação do grande capital nacional e internacional; e a entrada maciça de capitais estrangeiros na forma de investimentos e de empréstimos." (Habert, 1996: 13-4)

Outro resultante do "milagre econômico" no período da ditadura foi o crescimento da dívida externa, que, entre 1969 e 1973, saltou de US$ 4 bilhões para US$ 12 bilhões, chegando, em 1984, a US$ 100 bilhões (Habert, 1996).

Em relação às medidas de cunho social na época, o período da ditadura foi pródigo em constituir um corpo institucional tecnocrático para responder às demandas sociais e do capital. Atuou setorialmente e expandiu o número de instituições, como pode ser observado nos dados apresentados no Quadro 12, onde está resumido o sistema de proteção social da época.

São dessa época a criação do Fundo de Garantia por Tempo de Serviço (FGTS), em 1966, o fim da estabilidade no trabalho e a unificação da Previdência, com a criação do Instituto Nacional de Previdência Social, que reunia todas as Caixas de Pensões e os IAPs, retirando de sua gestão a presença dos trabalhadores. Na área da Previdência, também foi acionada a extensão dos benefícios aos trabalhadores rurais, sem exigir sua contribuição ou a contribuição dos empregadores, desincumbindo, especialmente os últimos, como forma de retribuir seu apoio ao regime, da obrigação de bancar parte dos benefícios so-

Quadro 12

Sistema de proteção social no Brasil: periodização e transformação — 1964-85

Periodização	Previdência	Assistência Social e Programas de Alimentação e Nutrição	Saúde	Educação	Habitação	Trabalho
Consolidação Institucional 1964 a 1977	1967: INPS 1971: Prorural/Funrural 1972: Empregadas domésticas 1973: Autônomos 1974: Ministério da Previdência e Assistência Social; criação da Dataprev; criação da renda mensal vitalícia 1977: Sinpas — unificação; criação do FPAS	1964: Funabem 1972: Inam 1973: I Pronam 1975: PNS 1976: II Pronam 1977: PCA, PAT	1971: Ceme (distribuição de medicamentos) 1974: Plano de Pronta Ação 1976: Piass 1977: Inamps	1964: Salário-educação 1968: Reforma universitária 1970: Mobral (programa de alfabetização) 1971: Extensão da escolaridade básica para cinco anos 1972: Livro didático	1966: Cohabs como agentes promotores 1973: Plano Nacional de Habitação Popular — Planhab 1975: Programa de Financiamento de Lotes Urbanizados — Proflur 1977: Ficam	1964: Direito à greve 1966: Fundo de Garantia por Tempo de Serviço — FGTS 1972: PIS-Pasep (criação de fundos com recursos das folhas de pagamento) 1976: Programa de Alimentação do Trabalhador
Crise e ajustamento conservador 1977 a 1985	1982: Elevação das alíquotas de Contribuição Social — Finsocial	1985: PSA	1984: Ações integradas de saúde	1983: Vinculação de receita tributária	1979: Programa de Erradicação da Sub-habitação — Promorar 1984: Financiamento da autoconstrução	

Fonte dos dados brutos: Draibe, S. *Brasil: o sistema de proteção social e suas transformações recentes*. Série Reformas de Política Pública, n. 14, Santiago do Chile: Cepal/Naciones Unidas, 1993.

ciais aos mesmos. Os benefícios também foram estendidos aos autônomos e aos empregados domésticos.

Outra instituição criada no período foi o Banco Nacional da Habitação (BNH), que era uma forte reivindicação da classe trabalhadora, mas que, apesar de usar dos recursos do FGTS, serviu muito mais para o financiamento de moradias para a classe média do que para a população pobre, que não tinha como arcar com as despesas de financiamento. Política esta que atendia aos interesses da classe média, grande apoiadora dos governos militares (Draibe, 1993).

> "[...] o mercado de acesso à casa própria foi concebido segundo classes de renda, distribuídas em três estratos: o popular, constituído de famílias com renda até 3 salários mínimos; o econômico, com renda entre 3 e 6, e o médio, de 6 para cima. Em ambos, o papel estratégico esteve reservado ao Estado. E em ambos o mercado operou uma única lógica, a do autofinanciamento, a do retorno dos investimentos, afastando-se de qualquer princípio que supusesse subsídios aos estratos de menor capacidade de pagamento. Tal estrutura e lógica levaram a que o sistema se afastasse dos programas destinados às camadas populares, reforçando aqueles destinados à classe média, com maiores garantias de retorno." (Draibe, 1993: 25)

Outra problemática social que tomou proporções significativas nesse período foi a questão dos menores e dos infratores.[37] Foi criado o Sistema Fundação Nacional do Bem-Estar do Menor e/ou Fundações Estaduais (Funabem/Febems), que "tratavam" as crianças e os adolescentes pobres do país, sob a égide da segurança nacional e empregavam, no seu atendimento, técnicas repressivas e de adestramento. Nesse período, começaram a ter destaque a questão da segurança pública, a do número de crianças na rua e a de adolescentes envolvidos com atos infracionais, colocando a exigência da sociedade sobre o Estado na resolução desses problemas. A resposta, bem-aceita, veio

---

37. Terminologia utilizada na época e baseada no antigo Código de Menores, a qual foi substituída por criança e adolescente em conflito com a lei a partir do Estatuto da Criança e Adolescente (ECA), de 1989, que não só mudou a terminologia como pretende dar cidadania às crianças brasileiras.

em forma de modelo repressivo e de recolhimento institucional. Para tanto, foi criada uma estrutura institucional semelhante aos manicômios e às prisões, com o propósito de, ao retirar do seio da comunidade essas crianças e adolescentes, aplicar medidas que os devolvessem sadios e prontos para contribuir com a sociedade.[38]

No campo educacional, o principal objetivo era o conhecimento técnico, reiterando, de certa maneira, a política da formação voltada ao trabalho urbano-industrial. Assim sendo, a questão do analfabetismo passou também a ser uma preocupação, uma vez que se fazia necessário a alfabetização dos trabalhadores, especialmente pela paulatina incorporação das técnicas do modelo de gestão do trabalho assentado no paradigma fordista/taylorista, que já requisitava um trabalhador possuidor de certo conhecimento específico.[39] Para dar conta de tal questão, foi criado o Mobral, sistema que teve como diretrizes de ação princípios mais técnicos do que políticos, contrapondo-se ao método Paulo Freire, utilizado antes de 1964 e que se mostrou muito deficitário.[40]

No âmbito da política social previdenciária, ações de integralidade técnico-política de áreas a ela relacionadas foram efetuadas: em 1974, foi criado o Ministério da Previdência e Assistência Social; em 1979, foi instituído o Sistema Nacional de Previdência e Assistência Social (Sinpas), que congregou o INPS, o Inamps (recém-criado para dar conta da assistência médica, retirando-a do INPS), a Funabem, a LBA e a Central de Medicamentos (Ceme). Essa medida, já pautada no início da década de 1960, teve como objetivo reunir em uma única estrutura as instituições que anteriormente tinham uma relação direta na oferta dos benefícios à população. Se, por um lado, a medida teve seu aspecto favorável, pois a unificação dos benefícios e recursos poderia racionalizar e deixar mais transparentes a oferta e o gasto das

---

38. Para um aprofundamento do tema, ver especialmente Gomes da Costa (1991) e Pereira (1988).

39. Sobre a questão da implantação do fordismo/taylorismo no Brasil, ver Francisco & Cardoso (1993); Vargas (1985); Carvalho & Schmitz (1990); Antunes (1995), entre outros.

40. Uma análise mais efetiva sobre essa questão pode ser encontrada em Germano (1993), entre outros.

políticas, por outro, ao realizá-la, os governos da ditadura militar efetivaram seus propósitos de controlar a oferta dos benefícios e, automaticamente, controlar a população, que, em última instância, era quem financiava os próprios benefícios ofertados pela política previdenciária, mas que, em virtude do processo conjuntural repressor, não era assim compreendido pela maioria da população.

Ainda no âmbito da política previdenciária, várias medidas foram tomadas visando a ampliação dos seus destinatários. Pode-se citar o estabelecimento, como benefício previdenciário, da Renda Mensal Vitalícia, que foi dirigida aos trabalhadores de mais de 70 anos que tivessem trabalhado e contribuído pelo menos por 12 meses. Esse benefício chegava aos idosos que tinham sido expulsos do mercado de trabalho e que, dado os seus descontentamentos, estavam sendo agora atendidos.

Na área da saúde, vários programas foram criados, cujo recorte era o atendimento focal e pontual, especialmente no que se refere aos programas preventivos e promocionais, como campanhas contra a malária, a tuberculose, a doença de Chagas, a varíola e a febre amarela. Também foram ofertados programas direcionados à população de baixa renda, como de distribuição de leite e saneamento básico, minimizando, sem dúvida, as desigualdades sociais, mas reiterando a visão de que essa problemática era decorrente das próprias carências individuais da população.

Enfim, o desenho das políticas sociais desse período revela a compreensão de como os direitos eram enfrentados, pois se as medidas eram tomadas visando a uma "política de controle" (Vieira, 1995) para manter a população sob a guarda dos instrumentos técnicos e burocráticos do governo, a compreensão dos direitos era de concessão a quem os governos entendiam ser merecedores.[41]

A ampliação dos setores "não merecedores", aliada a fatores de ordem estruturais e conjunturais no âmbito das economias mundiais, levou ao descontentamento com o modelo de gestão governamental, onde vários movimentos da sociedade civil se reorganizaram pleiteando democracia. Esse processo é tratado na literatura especializada como

---

41. Para uma análise detalhada desse período, conferir Vieira (1995).

O DIREITO SOCIAL E A ASSISTÊNCIA SOCIAL...

de "abertura política", que timidamente foi iniciada no governo Geisel (1974) e se efetivou com o processo da Constituinte Nacional.

No entanto, esse processo de retomada dos movimentos organizativos da sociedade pleiteando a construção da abertura democrática foi vivenciado ainda com medidas de forte cunho autoritário por parte do Governo Central. Exemplo disso é o fato ocorrido nas eleições legislativas de 1974, onde a permissão de propaganda eleitoral trouxe, para as bases governistas militares, um resultado desastroso: a ala governista perdeu as eleições no Senado e teve o número de deputados diminuído, perdendo assim os dois terços necessários para a aprovação das emendas constitucionais (Carvalho, 2002).

Em resposta a esse processo, o presidente Ernesto Geisel, em 1977, suspendeu o Congresso por 15 dias e o reabriu para aprovar o "Pacote de Abril", ao modo mais tradicional dos atos institucionais (Habert, 1996; Carvalho, 2002). Pelo Pacote, ficaram decididas: a eleição indireta para os governadores e para um terço dos senadores, os chamados biônicos; a limitação da propaganda eleitoral; e a eliminação da necessidade de dois terços para aprovar medidas constitucionais; sendo ampliado o mandato do próximo presidente da República por mais um ano. No entanto, apesar dessas medidas de cunho repressor e controlador, o Congresso, mobilizado pelo forte movimento popular que se reestruturava, votou o fim do AI-5, o fim da censura prévia no rádio e na televisão[42] e o restabelecimento do *habeas corpus* para crimes políticos, pois o clima nacional não comportava mais a manutenção de um sistema de exceção extremamente repressor.

Foi no contexto de censura *versus* abertura que assumiu o governo, para o período de 1980 a 1985, o general João Baptista de Oliveira Figueiredo. O cenário brasileiro da época apresentava os resultados trazidos do período anterior: a ampliação do déficit público, o endividamento externo, a crise fiscal, dada a diferença entre o volume despendido pelo governo com a área social e o volume de arrecadação

---

42. Vigorava, naquele momento, a Lei Falcão, de 1976, decretada pelo ministro da Justiça Armando Falcão, segundo a qual o debate político ficava proibido nos meios de comunicação, restringindo a campanha eleitoral à apresentação de foto e currículo dos candidatos.

dos recursos, e a crescente mobilização e reivindicação popular pela democratização da sociedade e pelo atendimento do agravamento da questão social.[43]

Também foi efetivada no governo do presidente João Figueiredo, tendo em vista as mobilizações populares coordenadas pelas organizações da sociedade civil organizada, a Lei da Anistia, que tratava da questão dos exilados políticos e da restauração dos instrumentos democráticos para gerir a relação do Estado com a sociedade.

Essa lei foi encaminhada ao Congresso pelo governo Figueiredo, no sentido de responder à forte movimentação da sociedade em torno do tema. No entanto, o projeto aprovado mostrou-se restritivo. Se, por um lado, a lei procurava atender aos anseios da população por justiça social e punição dos responsáveis pelas atrocidades cometidas em nome do desenvolvimento econômico e social, por outro, a força autoritária do governo ainda prevalecia, pois o texto encaminhado pelo Executivo e aprovado pelo Congresso resultou numa lei de anistia restritiva e parcial, anistiando também os torturadores. Além disso, permitia a volta dos exilados, mas mantinha sua inegibilidade, abria a possibilidade de reintegração dos servidores públicos e militares punidos, porém colocava esse ato à decisão de seus superiores.

Outra marca importante desse período refere-se às organizações político-partidárias. Com o fim do bipartidarismo, em 1979, desaparecendo a Arena e o MDB, foi possível a criação de novos partidos.[44] Entre esses, destaca-se o surgimento, em 1980, do Partido dos Trabalhadores, que foi criado a partir de uma discussão ampla de movimentos operários, da Igreja e de intelectuais, sendo por isso considerado a grande novidade no cenário político do Brasil, pois se constituiu de forma bastante peculiar e diversa da dos demais partidos políticos brasileiros.

---

43. Para aprofundamento do tema, ver Habert (1996), Vieira (1995), Pereira (2000), entre outros.

44. São eles: o Partido Movimento Democrático Brasileiro (PMDB); o Partido Democrático Social; (PDS); o Partido Trabalhista Brasileiro (PTB); o Partido Democrático Trabalhista (PDT); o Partido Popular (PP) — de curta vida, pois logo seus partidários se juntaram ao PMDB —; e o Partido dos Trabalhadores (PT).

O DIREITO SOCIAL E A ASSISTÊNCIA SOCIAL...

Além da criação de novos partidos, vários movimentos sociais liderados por profissionais liberais, entre eles a Ordem dos Advogados do Brasil (OAB), a Associação Brasileira de Imprensa (ABI), os movimentos da Igreja católica ligados à Teologia da Libertação, representados pela Conferência Nacional dos Bispos do Brasil (CNBB), o movimento das donas-de-casa, o Movimento contra a Carestia, os Comitês pela Anistia, os sindicalistas (principalmente os sindicatos dos metalúrgicos do ABC paulista),[45] estudantes, por meio da UNE, entre tantos, foram responsáveis pelas manifestações que obrigaram o governo militar a encaminhar o processo de abertura política.[46]

Em 1982, o país viveu um forte movimento de massas, que concentrou uma multidão nas principais cidades, em defesa de eleições diretas para presidente: era o movimento "Diretas Já!". A conseqüência desse movimento foi a utilização de mais uma medida discricionária pelo governo militar, que conduziu o processo por meio da manutenção do Colégio Eleitoral. A resultante desse processo foi a eleição indireta do candidato civil Tancredo Neves, apoiado pelos partidos de oposição ao regime militar. Este acontecimento inaugurou uma nova fase política no contexto da sociedade brasileira, que é tratada no Capítulo 3.

Pode-se então demarcar que do ponto de vista dos direitos políticos, civis e sociais, os governos que se sucederam de 1964 a 1985 primaram por aniquilar os dois primeiros e por, novamente, acionar, de ma-

---

45. Expressão que nomeia a região que engloba três municípios do pólo metalúrgico paulista: Santo André, São Bernardo e São Caetano.

46. Sobre esse fato, Carvalho (2002) aponta que a abertura que ocorreu a partir do governo Geisel obedeceu a, no mínimo, três razões: a) o general Geisel pertencia ao grupo de Castelo Branco; esse grupo era formado por liberais conservadores, que se colocavam contra a política varguista, mas não pretendiam uma ditadura, embora não fossem democráticos; b) em 1973 aconteceu o primeiro "choque do petróleo", triplicando o preço do mesmo; nessa época, 80% do consumo brasileiro dependia da exportação, e a pujança econômica do Brasil dependia do petróleo; portanto, o "milagre econômico" estava desfazendo-se, e era melhor entregar o poder do que sofrer o desgaste que a economia iria trazer às classes alinhadas com o governo; e c) finalmente, em relação às próprias Forças Armadas, o Exército desprofissionalizara-se com o poder; criaram-se estruturas de repressão tão fortes, que agiam paralelamente e eram responsáveis pela pecha dos torturadores, com os quais eram identificados todos os militares.

neira restrita, medidas na área social, desenhando o perfil limitado e autoritário na concepção dos direitos sociais, onde os mesmos tinham a finalidade de assegurar a sustentação política do regime. Embora as constituições da época registrassem a garantia de direitos civis e políticos, já presentes nas outras constituições, a ressalva do sistema de exceção foi o que vigorou praticamente em todo o período, fazendo com que os governantes fossem transformados em árbitros dos mesmos.

Também a ditadura militar foi pródiga em medidas que colocavam os direitos dos brasileiros à mercê do grupo do poder e em transformá-los em objetos sem valor. Os direitos civis foram os mais aviltados na época:

> "O *habeas corpus* foi suspenso para crimes políticos, deixando os cidadãos indefesos nas mãos dos agentes de segurança. A privacidade do lar e o segredo da correspondência eram violados impunemente. Prisões eram feitas sem mandado judicial, os presos eram mantidos isolados, incomunicáveis, sem direito a defesa. Pior ainda: eram submetidos a torturas sistemáticas por métodos bárbaros que não raro levavam à morte da vítima. A liberdade de pensamento era cerceada pela censura prévia à mídia e às manifestações artísticas, e, nas universidades, pela aposentadoria e cassação de professores e pela proibição de atividades políticas estudantis." (Carvalho, 2002: 193)

Todos esses atos arbitrários reforçam a afirmativa de que o período da ditadura militar foi muito nefasto do ponto de vista da constituição de uma cultura baseada nos direitos, reforçando novamente o critério do mérito, a política centralizadora e autoritária e expulsando da órbita do sistema de proteção social a participação popular. Mesmo assim,

> "De fato, é sobre o arcabouço da Constituição de 1946 que se introduzem as modificações das Constituições de 1967 e 1969, que, apesar do autoritarismo que as inspira, não ousam abandonar de todo algumas formas liberais de organização do governo [...] nem destruir totalmente os direitos dos cidadãos — ainda quando os cerceia ao ponto máximo. Será no pequeno espaço deixado à ação política por limites institucionais tão estreitos que se organizará, no entanto, a resistência democrática que porá fim ao regime de exceção." (Quirino & Montes, 1987: 75)

O DIREITO SOCIAL E A ASSISTÊNCIA SOCIAL...

A prosperidade prometida com o projeto de Estado militar-tecnocrático mostrou-se falaciosa, e os sacrifícios solicitados à população, tendo em vista um desenvolvimento que beneficiaria a todos, revelaram-se restritivas. A década de 1980 mostrou um país com enormes dificuldades geradas pela grande concentração de renda e por uma política econômica restritiva do ponto de vista da participação da população na riqueza nacional, que se já não apontava o crescimento do bolo como estratégia de acumulação da riqueza, proposta pelos governos militares, muito menos falava em sua distribuição, revelando ser uma sociedade extremamente desigual, a ponto de Hobsbawm (1995) classificar o país como um monumento à desigualdade.

Ao mesmo tempo, foi uma década pródiga em movimentos sociais e em participação da sociedade, organizando-se, por meio de entidades, organizações não-governamentais (ONGs) e sindicatos, para participarem do movimento pré-Constituinte, bem como para denunciar o descumprimento das propostas por parte do governo. Tanto que "os anos 80 foram marcados por uma notável dinâmica associativa e organizativa que alterou o cenário político do país e introduziu fissuras importantes no pesado legado autoritário brasileiro" (Paoli & Telles, 2000: 107).[47]

Esses fatores foram o combustível que fez germinar a construção de uma nova Constituição, que enunciou direitos resultantes agora da participação popular, tão rara nas outras constituições. O texto constitucional de 1988 e os direitos nele garantidos, em especial, o que se refere à assistência social, bem como as principais características dos governos que se sucederam, serão objeto de discussão do Capítulo 3.

---

47. Um dos movimentos de maior importância nesse cenário foi o Movimento dos Sem-Terra (MST), por representar a capacidade de uma população até então destituída de identidade de se organizar e reivindicar o direito à terra, aquele julgado fundamental em qualquer sociedade evoluída.

CAPÍTULO 3

O direito social, a Constituição de 1988 e a seguridade social: do texto constitucional à garantia da assistência social

As décadas de 1980 e 1990 foram paradigmáticas e paradoxais no encaminhamento de uma nova configuração para o cenário político, econômico e social brasileiro. De um lado, desenvolveu-se um processo singular de reformas, no que se refere à ampliação do processo de democracia — evidenciada pela transição dos governos militares para governos civis — e à organização política e jurídica — especialmente demonstrada no desenho da Constituição promulgada em 1988, considerada, pela maioria dos teóricos que a analisaram, como balizadora da tentativa do estabelecimento de novas relações sociais no país. Por outro lado, efetivou-se um processo de grande recessão e contradições no campo econômico, onde ocorreram várias tentativas de minimizar os processos inflacionários[1] e buscar a retomada do crescimento, tendo como eixo os princípios da macroeconomia expressa na centralidade da matriz econômica em detrimento da social.

---

1. O período de 1980 a 1990 assistiu a vários planos econômicos, com diversificados matizes de princípios orientadores: a) Plano Cruzado e Plano Cruzado II (1986); b) Plano Bresser (1987); c) Plano Verão (1989); d) Plano Collor e Plano Collor II (1990); e) Plano Real (1993). Sobre esse assunto, consultar Reis (1997).

O paradoxo está exatamente localizado na relação entre os avanços políticos sociais e as definições das diretrizes macroeconômicas que concebem as políticas sociais como conseqüência do funcionamento adequado da economia (Draibe, 1993; Fiori, 1995a; Fagnani, 1999) e, sendo assim, acabaram por desfigurar os princípios orientadores das mesmas.

> "O paradoxo do período em análise é que esses impulsos no sentido da formulação e implantação de políticas sociais nacionais universais e operadas de formas descentralizadas foram sistematicamente minadas pela política macroeconômica." (Fagnani, 1999: 165)

Porém foi nesse contexto que importantes e significativos avanços foram construídos, acarretando novas configurações e novas concepções para a área dos direitos civis, políticos e sociais, expressas numa nova forma de organizar e gestar o sistema de seguridade social brasileiro, trazendo, para a área, a assistência social como uma política social de natureza pública.

Também na década de 1980 os governos que se sucederam assumiram o compromisso de encaminhar as orientações produzidas pelo Consenso de Washington, o que, por si só, criou uma dupla implicação: por um lado, houve uma expectativa para com o atendimento dos avanços constitucionais, que ampliavam os direitos sociais e o papel interventor do Estado; por outro, a adoção, na formulação da política econômica nacional, das orientações do Consenso de Washington, indicando a diminuição dos gastos nas políticas sociais e na retirada do Estado do campo social (Draibe, 1993; Nogueira, 1998; Fagnani, 1999).

Foi frente a esses embates — onde se têm, como cenário, novos canais de participação da sociedade (Telles, 1999; Paoli & Telles, 2000); uma nova Constituição, estabelecendo um novo papel interventor do Estado para com o campo das políticas sociais (Dallari, 2000); uma nova agenda no sistema de proteção social; e uma emergente imposição internacional por reformas sociais (Fagnani, 1999) — que se desenvolveram as principais formatações dos direitos sociais das décadas de 1980 e 1990.

1. O Brasil de 1985 a 1999: a construção da Constituição de 1988 e o sistema de proteção social brasileiro

A década de 1980 inaugurou um novo patamar na relação Estado e sociedade. Foi marcada pela transição dos governos militares à constituição da democracia. Emanada dos princípios de democracia, ocorreu a primeira eleição, em 1985, para presidente da República pós-governos militares.

A eleição foi produto de uma movimentação acentuada na sociedade brasileira, que, por intermédio de diferentes entidades de classe, partidos políticos, organizações não governamentais, sindicatos e outros movimentos, promoveu várias manifestações públicas, que pressionaram os militares a procederem ao processo de transição. Esse processo foi ainda ancorado sob a tradição ditatorial, pois, embora originado da mobilização pelas "Diretas Já!", o governo João Figueiredo determinou, nos moldes das medidas restritivas até então utilizadas, eleições via Colégio Eleitoral. Esse processo trouxe para o novo governo candidatos civis e de oposição aos militares, Tancredo Neves e José Sarney. No entanto, o presidente Tancredo Neves não chegou a governar, tendo em vista o seu trágico falecimento, sendo, então, o Brasil governado, no período de 1985-90, pelo vice-presidente José Sarney.[2]

O Brasil que em 1985 apresentava uma nova face no que se refere ao processo de reorganização política, orientado sob a égide da democracia, também ampliou sua herança para com a face da desigualdade social. Expandiu-se o estoque de pobreza, resultante dos períodos anteriores, mas especialmente dos governos militares, que, com suas orientações econômicas de desenvolvimento, produziram um país com uma péssima distribuição de renda e aumentaram a parcela da população demandatária das políticas sociais.

"De fato, o pequeno crescimento verificado foi distribuído segundo um padrão mais concentrado ainda que o que havia inaugurado a década

---

2. José Sarney foi figura importante nos governos militares e compôs a chapa com Tancredo Neves com vistas à viabilidade eleitoral.

entre 1981 e 1989, os 10% mais ricos da população, que detinham 46,6% da renda, ampliam sua participação para mais da metade, alcançando 53,2%. Os 1% mais ricos, que detinham 13% da renda, aumentaram sua participação para 17,3%. No mesmo período, os 10% mais pobres passaram a ter, em 1989, apenas 0,6% da renda nacional, menos ainda do que os 0,9% que lhes cabia em 1981 (o Índice de Gini salta de 0,572 para 0,652 nesse período)." (Draibe, 1993: 51)

Essa situação não é novidade nesse período histórico, pois, conforme abordado no Capítulo 2, a concentração de renda é característica persistente na história do Brasil, sendo que as demandas sociais já existiam e eram tratadas de maneira pontual e fragmentada. Ou seja, a desigualdade persiste na história brasileira, tanto que a exclusão pode ser considerada uma característica constitutiva do Estado brasileiro desde seu tempo de colônia (Reis, 1999).

O período dos governos brasileiros desde 1985 vem sendo conformado por propostas democráticas, que, do ponto de vista do discurso oficial, buscavam romper com o clientelismo e com a assunção patrimonialista do Estado e propunham mudanças no sistema político, econômico e social, que teriam como conseqüência o crescimento e o desenvolvimento do país.

O que pode se observar é que os inúmeros planos econômicos, bem como as construções das legislações sociais, principalmente da Constituição de 1988, foram insuficientes para cumprir com as promessas feitas à população no que se refere à melhoria das condições e qualidade de vida. O resultado demonstra que apenas em 1986, com o Plano Cruzado, e no início do Plano Real, em 1993, houve uma relativa melhoria para a população em geral. No entanto, passado os primeiros impactos das medidas econômicas, a taxa de pobreza retomou gradativamente seu crescimento:

> "Os anos 80 [...] com exceção de 1986 há um aumento a longo prazo de incidência de pobreza, num movimento que seguiu o da economia: em 80, atinge 18% das famílias; em 83, a 31% e em 88 a 26%" (Draibe, 1993: 53).

Draibe (1993) aponta a estimativa de que, em 1993, a incidência da pobreza estava próxima, ou mesmo superava, aos 31% observados em 1983. Todos esses indicadores apontam que dentro dos padrões econômicos e sociais desenvolvidos pela sociedade brasileira nas décadas de 1980 e 1990, "torna-se impossível reestruturar com eqüidade" (Fagnani, 1999), sem inverter a lógica que tem indicado as alternativas construídas nessas décadas para conter o estoque de desigualdade social.

As tentativas construídas nesse sentido foram orientadas pelos quatro governos que sucederam aos militares, conforme pode-se visualizar nas informações contidas no Quadro 13.

Quadro 13
Síntese cronológica dos governos brasileiros, segundo o governante
e características — 1985-99

Períodos	Governantes	Características
1985 a 1990	José Sarney	Governo democrático, de recorte assistencialista, promoveu a transição para as eleições diretas para presidente da República.
1990 a 1992	Fernando Collor de Mello	Governo democrático pautado pelas orientações neoliberais, de recorte moralizante, clientelista e assistencialista. Sofreu o primeiro processo de *impeachment*.
1992 a 1994	Itamar Franco	Assumiu, na condição de vice-presidente, o governo do país. Governo democrático, de recorte populista, clientelista e assistencialista.
1995 a 1999	Fernando Henrique Cardoso	Governo democrático, de orientação neoliberal, de recorte clientelista, pautado na eficiência e na eficácia. Priorizou a agenda econômica em detrimento da social, com pagamento de dívida externa e estabilização da moeda.

Fonte: Sistematização da pesquisadora.

O governo de José Sarney pautou-se inicialmente pela fraca sustentação política e popular, uma vez que a eleição supunha que Tancredo Neves é que seria o presidente, e, este sim, era o representante político com forte apoio popular. Porém dois atos do governo José Sarney foram fundamentais para que o mesmo alcançasse popularidade. O primeiro foi a implantação do Plano Cruzado, e o segundo, o processo constituinte.

No que se refere ao Plano Cruzado, as medidas de congelamento dos preços, dos salários e do câmbio geraram um clima favorável junto à população, especialmente a assalariada, que respondeu aos apelos do próprio governo para ser fiscalizadora dos abusos dos preços.[3] E, quanto ao processo constituinte, instalado a partir da aprovação pelo Congresso Nacional da Emenda n°. 26, de 27 de novembro de 1985 (Coelho, 1988), o mesmo assinalou um novo horizonte para o processo político democrático no Brasil.[4]

Sendo assim, pode-se sintetizar que o governo Sarney ficou conhecido como de transição democrática, que teve como resultante a Constituição de 1988, e, por outro lado, pelo processo de articulação das forças conservadoras, que tornaram, pela sua pressão, inacabada a reforma prevista pela Constituição (Fagnani, 1999), iniciando o percurso do Brasil que teve como agenda econômica, política e social as orientações de recorte teórico neoliberal.

Todas as garantias constitucionais que foram consubstanciadas em legislações ordinárias posteriores[5] passaram a ser alvo de desmontes pelos governos que sucederam à Constituição de 1988.

Deve-se ressaltar que, em pleno processo de efervescência da promulgação da Constituição de 1988 e das discussões críticas em torno de suas conquistas, o Brasil se tornou signatário do acordo firmado com organismos financeiros internacionais, como o Banco Mundial e o Fundo Monetário Internacional (FMI), por meio das orientações contidas no Consenso de Washington.

---

3. Para maior aprofundamento sobre o plano econômico, ver Mollo & Silva (1988).

4. O processo constituinte e a Constituição de 1988, pela importância que representam para este estudo, são detalhados no item 3.1.1.

5. Lei n° 8.080/90 (Lei Orgânica da Saúde), Leis n° 8.212 e n° 8.213/91 (Plano de Custeio e Benefícios da Previdência Social) e a Lei n° 8.742/93 (Lei Orgânica da Assistência Social).

No conjunto das orientações indicadas no Consenso, inspiradas pelo receituário teórico neoliberal, que teve adoção em quase todos os países do mundo, na década de 1980, estão: a indicação para a desestruturação dos sistemas de proteção social vinculados às estruturas estatais e a orientação para que os mesmos passassem a ser gestados pela iniciativa privada.

Essas orientações opõem-se aos princípios dos direitos garantidos pela Constituição e pelas leis ordinárias subseqüentes. No entanto, essa linha teórica coaduna-se com a herança oligárquica, patrimonialista e autoritária dos governos de compreensão do papel do Estado brasileiro. Como aponta Sader (2000), o Estado sempre foi máximo para os interesses privado e mínimo para as demandas por políticas sociais para o povo.

As novas orientações econômicas, aliadas ao forte processo de recessão e a inúmeros escândalos sobre corrupção, deram base para a eleição do político, até então inexpressivo em nível nacional, Fernando Collor de Mello, que, com uma plataforma indicando moralização na política — com a "caça aos marajás" — e somado ao receio do crescimento do potencial eleitoral do sindicalista Luiz Inácio da Silva — representante das esquerdas no Brasil —, teve o apoio dos diferentes partidos de direita e de centro, bem como da grande mídia nacional.

O discurso eleitoral de Collor afinava-se com um projeto de Estado social democrata (Pereira, 2000), mas suas iniciativas foram implementadas na esteira do projeto neoliberal (idem, 2000). As propostas de campanha, que continham retóricas como "amigo dos pobres", "descamisados" e "perseguidor das elites econômicas ou dos marajás" (idem, 2000), indicavam prioridade ao resgate da dívida social, o que, na realidade, não se confirmou nas ações de seu governo.

No período que vai de 1990 a 1992, podem ser apontados como marcas do governo Collor a sua decisão de intervir na economia por meio dos planos Collor I e Collor II, a abertura do mercado brasileiro e o caráter populista, clientelista e assistencialista dos programas sociais de seu governo.

O programa macroeconômico "Plano Collor I", lançado logo após a sua posse, teve, como características centrais, o confisco dos ativos financeiros e o congelamento de preços e salários. Esse plano, associado à idéia de combate às elites econômicas e feito em nome dos descamisados, gerou um forte apoio popular e de parlamentares no início do governo.

Em relação ao campo social, o período caracterizou-se por mecanismos que incidiram no sistema de proteção social, desmontando-o, principalmente em relação à seguridade social. Assim, é possível apontar como um dos balanços desse governo:

> "Rejeição explícita do padrão de seguridade social [...] Em vista disso, o governo reiterou a tentativa da administração passada de desvincular os benefícios previdenciários e da Assistência Social do valor do salário mínimo; relutou em aprovar os planos de benefícios e a organização do custeio da seguridade social; vetou integralmente o projeto de lei que regulamentava a assistência social;[6] e represou, por vários meses, a concessão de benefícios previdenciários." (Pereira, 2000: 163)

A era Collor teve um singular fim, que marcou a história da democracia política brasileira. Embora as medidas restritivas tomadas pelo governo já estivessem corroendo sua base popular de sustentação, foram com as inúmeras denúncias de corrupção nos altos escalões do seu governo que, dois anos após ter assumido, acarretaram ao presidente Collor um processo de *impeachement*, o que o retirou do poder. Esse movimento contou com expressiva participação popular e com o abandono das forças conservadoras que tinham se alinhado ao projeto inicial de seu governo.

Nesse período, o país apresentava um quadro que pode ser resumido por meio de: a) alavancagem do processo de privatização das empresas nacionais; b) abertura econômica para capitais estrangeiros;

---

6. Durante o governo Collor, o Projeto de Lei nº 3.099/89, de iniciativa original do deputado Raimundo Bezerra e com formato final dado pelo relator deputado Nelson Seixas, ambos do PSDB, que regulava a assistência social e que foi aprovado pelo Congresso, sofreu o veto integral do presidente em 18 de setembro de 1990. Esse fato reafirmou a assertiva de Fagnani (1999), de que o governo Collor incidiu sobre a legislação social, principalmente com a tentativa de obstruir a legislação complementar necessária ao requerimento dos direitos constitucionais.

c) retomada do processo inflacionário; d) minimização dos gastos públicos governamentais na área social, entre outras características, o que aponta seu perfeito alinhamento com as indicações feitas pelos organismos internacionais.

Para concluir a gestão governamental do período 1990-94, assumiu o vice-presidente Itamar Franco, cujo governo centrou sua atenção novamente no projeto econômico, buscando conter o *déficit* público e a inflação. Como estratégia para tal intenção, foi projetado, na esfera econômica, o Plano Real, sob a coordenação do então ministro da Fazenda Fernando Henrique Cardoso. Com esse plano, o governo buscou atingir um conjunto de metas, assim enumeradas por Reis & Prates (1999):

— estabilidade de preços, incorporando alternativas de crescimento do mercado, bem como investimentos e avanços tecnológicos setorizados;

— modernização como redefinição da estrutura produtiva nacional, tendo como referência as novas tecnologias disponíveis no mercado internacional;

— integração econômica no cenário globalizado; e, por fim,

— desregulamentação do setor produtivo público, redefinindo seu papel como administrador de políticas macroeconômicas e de produção de bens sociais e de políticas sociais compensatórias.

Essas metas, tanto no período do governo Itamar Franco como no subseqüente, principalmente no que se refere às políticas sociais, entrarem em choque com o caráter universalista e de direito social previsto na Constituição de 1988, que, aliás, desde o governo Collor de Mello vinha sendo desconstituído, pois se argumentava que os direitos garantidos no texto constitucional tornavam o país ingovernável (Draibe, 1993; Vieira, 1997; Pereira, 2000; Dallari, 2000).

Em relação ao campo social, no governo Itamar Franco foi aprovada a Lei Orgânica da Assistência Social, nº 8.742/93. A aprovação dessa lei foi resultado do movimento de parcela da sociedade civil, de organismos de classe[7] e da ação do Ministério Público, que ameaçava processar a União pelo descuido com a área.[8] Além dessa importante iniciativa legal, os programas sociais, no governo Itamar Franco, seguiram as características implementadas pelo governo anterior, qual seja, o caráter clientelista, assistencialista e populista (Pereira, 2000). Merece destaque, entre os programas sociais, o Plano de Combate à Fome e à Miséria pela Vida, lançado em 1993, contando com a parceria do Estado e da sociedade civil. Esse plano pautou-se em três princípios básicos, a saber: "a solidariedade privada, a parceria entre Estado, mercado e sociedade e a descentralização da provisão social" (Pereira, 2000: 166). Para a viabilização desse plano foi criado o Conselho Nacional de Segurança Alimentar, que teve como expoente o sociólogo Herbert de Souza. Pode-se destacar que, embora tendo havido uma importante mobilização da população, com chamamento de sua responsabilidade para com a solidariedade social, o programa acabou sendo esvaziado, pois ocorreu uma utilização clientelista do mesmo em vários pontos do país, e uma despriorização política do governo central, que não disponibilizou os recursos necessários a um programa de tal monta. Assim, o legado do governo Itamar Franco para a área social inscreve-se na esteira dos outros governos que o antecederam, poucas ações ou quase nulas no sentido de referendar os direitos sociais contidos na Constituição de 1988.

O legado mais importante do seu governo foi, sem dúvida, o Plano Real, que potencializou a eleição de Fernando Henrique Cardoso para a Presidência do Brasil em 1994.

O governo Fernando Henrique Cardoso, de 1995 a 1999, priorizou o controle da inflação e a manutenção da estabilidade da moeda e encaminhou, como plataforma política, a necessidade de reformar o Estado, prioridades vinculadas ao paradigma teórico neoliberal, que parecia ser uma definição já construída há mais tempo por Fernando Henrique Cardoso, pois "FHC, desde 1991, pelo menos, optou clara-

---

7. Entre as entidades de classe que atuaram ativamente no processo de regulamentação da Assistência Social como política social pública estava a categoria dos assistentes sociais.

8. Para aprofundamento do processo de regulamentação da Loas, consultar Paiva (1993).

O DIREITO SOCIAL E A ASSISTÊNCIA SOCIAL...

mente por um projeto de modernização neoliberal e por um bloco de sustentação de centro-direita" (Fiori, 1998: 20).[9]

Em sua campanha, definiu sua plataforma de governo com cinco prioridades: saúde, educação, emprego, agricultura e segurança. Essa definição política poderia ter levado o governo a privilegiar as reformas sociais tão prementes no país, indicando o cumprimento do texto constitucional de 1988. Mas, ao contrário, suas ações encaminharam-se, mais uma vez, para se centrar no plano de estabilidade econômica (Draibe, 1993; Fiori, 1995b; Fagnani, 1999; Pereira, 2000), meta que poderia ser apontada como característica dos governos democráticos pós-1985.

Para governar, optou por utilizar o recurso da Medida Provisória,[10] mantendo um afastamento da sociedade quanto às decisões governamentais. Trabalhou com o Congresso no sentido de garantir aprovação para todos os projetos emanados do Executivo, tendo, para isso, encetado uma política de troca de favores, o que contrariava seu discurso oficial que reafirmava ter assumido o governo para acabar com o clientelismo e dar fim à Era Vargas (Lesbaupin, 1999; Pereira, 2000).

Com o apoio do Congresso, conseguiu aprovar inúmeras mudanças no texto constitucional[11] para garantir as condições de implementação do seu plano econômico. Em relação à área social, merece destaque a criação, em 1995, do Programa Comunidade Solidária,[12] vinculado ao Gabinete Civil da Presidência da República, que tinha por finalidade a tarefa de estabelecer a forma de atuação na área social do governo. Os esforços governamentais nessa área foram ínfimos, a ponto de, em 1995, o Relatório do Tribunal de Contas da União (TCU) ter denunciado o descaso do governo Fernando Henrique Cardoso com as políticas sociais. Nesse relatório, o TCU, "...com base em

---

9. Fernando Henrique Cardoso refuta essas afirmativas no texto "Reforma e imaginação", publicado em Batista *et al.* (1994).

10. O recurso da Medida Provisória, garantido pela Constituição de 1988 para ser usada em caráter de urgência e exceção, foi utilizado como instrumento cotidiano dos governos que se sucederam a 1988. Sobre esse assunto, consultar Diniz (1996).

11. Para aprofundamento desse tema, ver Sallum Jr. (1999).

12. O Programa Comunidade Solidária será detalhado no decorrer deste capítulo.

análises das ações e das contas do governo, indicou que os gastos governamentais com o combate à pobreza, com investimentos na educação e com o programa de reforma agrária eram menores do que os de 1994, do governo Itamar" (Pereira, 2000: 170).

Uma das características desse período é a retomada da matriz da solidariedade, como sinônimo de voluntarismo e de passagem da responsabilidade dos programas sociais para a órbita da iniciativa privada,[13] buscando afastar o Estado de sua responsabilidade central, conforme a Constituição de 1988, na garantia desses direitos.

No balanço social do período do governo de Fernando Henrique Cardoso, é possível apontar que, do ponto de vista do quadro social, os resultados são desastrosos (Lesbaupin, 1999). Ao final do governo, contabilizaram-se: um aumento da concentração de renda, fenômeno muito conhecido no país (Gonçalves, 1999); um altíssimo índice de desemprego (Mattoso, 1999); uma tentativa constante de desmontar os direitos trabalhistas construídos por longas décadas (Netto, 1999); um processo de privatização intenso; e várias reformas na Constituição de 1988, principalmente no que se refere ao campo dos direitos sociais (Comparato, 1999). A raiz desse resultado foi a política econômica adotada, que submeteu a economia brasileira aos ditames dos mercados internacionais, tornando o Brasil inteiramente dependente dos capitais especulativos, que, até 1996, estiveram presentes na economia brasileira, mas que, em virtude da crise asiática de 1997 e da russa de 1998, se retiraram drasticamente, interferindo na viabilidade do plano (Singer, 1999).

> "O Plano Real de 1994 inicialmente reduziu a inflação, expandiu a economia e reduziu o desemprego. Mas a partir do segundo semestre de 1996 houve reversão, o desemprego aumentou e os salários caíram a uma média de 7% ao ano. Segundo um estudo recém-publicado pela Unicamp, mas com base em informações do IBGE, a desigualdade social agravou-se no Brasil entre 1992 e 1998, enquanto a massa salarial que era de 44% do PIB em 1993, caiu para 36% no final da década. A participação dos lucros no PIB, durante o mesmo período, passou de

---

13. Para aprofundamento do tema do voluntariado, consultar Araújo (2002).

O DIREITO SOCIAL E A ASSISTÊNCIA SOCIAL...

35% para 44% do PIB. O desemprego aumentou, com cifras que variam em torno de 16% em todas as metrópoles, e a renda *per capita* cresceu quase nada, ou mesmo caiu 6%, no último ano, quando medida em dólares, como aparece nos Indicadores Mundiais de Desenvolvimento do Bird." (Fiori, 2003: 2)

Os dados apontam a priorização da financeirização da economia por meio do cunho especulativo, tendo o índice da participação dos lucros despontado nos indicadores que mediram o governo. Esse balanço, com as restrições verificadas nos indicadores sociais, demonstra o papel secundário das políticas sociais. Aliás, a máxima de que o crescimento econômico traria, como conseqüência, o desenvolvimento social, parece ser a tônica dos governos brasileiros desde a ditadura militar. Embora, como é possível averiguar, os indicadores demonstrem que o fôlego das melhorias sociais que existem no impacto dos diversos programas econômicos é de curto prazo, a análise dos governos da época mostra que os presidentes do Brasil, no período de 1985 a 1999, apostavam no contrário.

Do ponto de vista do sistema de proteção social, o sistema construído no período de 1985 a 1999 pode ser sintetizado nas informações constantes no Quadro 14.

O quadro-síntese aponta a fragilidade do sistema de proteção social criado a partir de 1985. Do ponto de vista institucional, os programas referendaram ações pontuais, com destaque para programas que pretendiam erradicar a fome e a miséria. Em relação aos direitos garantidos pela Constituição, os governos têm a tendência a desconstituir o sistema, o que pode ser observado pela Reforma da Previdência Social, por meio da Emenda nº 20, encaminhada pelo governo Fernando Henrique Cardoso e aprovada pelo Congresso Nacional.

Os governos Sarney, Collor de Mello, Itamar Franco e Fernando Henrique Cardoso construíram um projeto político alicerçado, salvaguardadas suas particularidades, na centralização da estabilidade econômica e no desejo de reformar a Constituição de 1988, considerada um peso para a nação e um entrave ao projeto de crescimento.

Quadro 14

Sistema de proteção social no Brasil: periodização e transformação — 1985-88

Periodização	Previdência	Assistência Social e Programas de Alimentação e Nutrição	Saúde	Educação	Habitação	Trabalho
Ajustamento progressista 1985 a 1987	— elevação do piso dos benefícios; — ampliação dos tipos dos benefícios rurais; — seguro-desemprego	1986: Seac 1986: PNLCC e Paie	1987: implantação dos convênios SUDS		1986: extinção do BNH	1985: vale-transporte 1986: seguro-desemprego
Reestruturação do sistema a partir da Constituição de 1988	— ampliação do conceito de seguridade social (previdência, saúde e assistência social); — fixação de orçamento para seguridade social; — equiparação de direitos entre urbano e rural; — introdução de seletividade dos benefícios; — reforma da Previdência Social (Emenda nº 20)	— instituição do direito à proteção da família, da maternidade, da infância, da adolescência e da velhice; — benefício de um salário mínimo a idosos e deficientes; — criação do Programa de Combate à Fome e à Miséria e o Programa Comunidade Solidária	— criação do Sistema Unificado de Saúde (SUS)	— extensão do direito a creches e pré-escola; — tentativa de tornar as universidades públicas em fundações; — prioridade ao ensino fundamental; — desestruturação das universidades públicas, com aposentadoria de inúmeros professores		— redução de horas semanais de trabalho; — jornada diária de seis horas para turnos ininterruptos; — férias com acréscimo de remuneração; — extensão de direitos a empregados domésticos; — ampliação do direito de greve e da liberdade sindical; — projeto de flexibilização dos direitos trabalhistas

Fonte dos dados brutos: Draibe, S. *Brasil: O sistema de proteção social e suas transformações recentes.* Série Reformas de Política Pública, n. 14, Santiago do Chile: Cepal/Naciones Unidas, 1993.

"A obsessiva preocupação governamental com a contenção do *déficit* público e com o equilíbrio orçamentário, no bojo de sua conturbada política de ajuste fiscal, deteriorou qualitativa e quantitativamente o sistema de proteção social a duras penas construído no Brasil [...]" (Pereira, 2000: 173)

As políticas sociais dos governos da era democrática pós-1985 têm sido caudatárias de atributos que por longo período constaram como denúncia nos programas eleitorais, qual seja, a retomada das práticas clientelistas. Isto pode ser evidenciado nas alterações feitas na Constituição de 1988, que exigiram maioria no Congresso, o que geralmente transformou o Estado em um balcão de negócios, onde o voto é uma mercadoria bem valorizada. As reformas foram buscadas na tentativa de acabar com privilégios, mas a necessidade de maioria no Congresso fez com que o governo Fernando Henrique Cardoso precisasse recorrer a negociações particulares com os partidos e os parlamentares.

As respostas governamentais às demandas da população foram apresentadas por meio de programas fragmentados, assistemáticos e seletivos, como o do leite de José Sarney; o da participação comunitária, de Collor de Mello, e o da Comunidade Solidária, de Fernando Henrique Cardoso. Repetiam-se, assim, programas de forte apelo popular, de cunho pontual, buscando sempre a legitimidade junto à população mais pobre, segmento destinatário dos mesmos.

No atendimento às demandas da população na perspectiva universalista da Constituição de 1988, muitas foram as disputas para que esses princípios de universalidade fossem alterados, sempre invocando a insuficiência de recursos para aplicá-los e a necessidade da focalização de atendimento nas populações mais pobres, visando a racionalização dessa aplicação. Em tese, não se discutiu o princípio, mas os principais atos desses governos dirigiram-se para o seu descumprimento.

Para compreender a disputa que se realizou desde 1985, no Brasil, quanto à consolidação de um sistema de proteção social assentado na seguridade social e na garantia de atendimento das demandas da população na ótica dos direitos, faz-se necessário visualizar o processo que encaminhou a construção da Constituição de 1988 e a base em que foi soldada a seguridade social.

1.1. O processo constituinte e a seguridade social: afirmação de direitos?

O início do processo constituinte foi marcado por debates em relação à soberania e ao funcionamento da Assembléia Nacional Constituinte.[14] Com relação à soberania, ou seja, se ela deveria assumir o efetivo comando político da transição institucional, foi discutido o papel da Assembléia de estabelecer o processo de redemocratização, instituindo mecanismos que alterariam o exercício do poder no país, ou seja, todas as regras de transição dos governos militares para a democracia. Como resultado desse embate, as regras de transição foram estabelecidas pelo Executivo, e a Assembléia apenas determinou seu regimento interno. Outra questão importante foi o funcionamento da Assembléia, ou seja, se a mesma teria como única tarefa redigir a Constituição, ou também acumularia funções congressuais, ficando então definida a função acumulativa de papéis, embora a prioridade fosse a redação do texto constitucional. A essa questão foi agregada a participação dos senadores biônicos, que adquiriram o *status* de constituintes (Coelho, 1988).

Quanto à elaboração da Constituinte de 1988, o processo realizado pelo Congresso seguiu uma dinâmica diferenciada:

"A construção do futuro projeto deu-se de fora para dentro, de partes para o todo. Vinte e quatro subcomissões temáticas recolheram sugestões, realizaram audiências públicas e formularam estudos parciais. Estes foram reunidos em blocos de três a três, através de oito comissões temáticas. Só então a Comissão de Sistematização organizou o primeiro anteprojeto, em 15 de julho de 1987. A partir daí, tem-se a tramitação formal, com emendas, pareceres e votação. Muitos impasses, negocia-

---

14. Com relação ao processo constituinte e à Constituição de 1988, os dados foram extraídos do consistente relatório elaborado pelo jurista João Gilberto Lucas Coelho, para o Instituto de Estudos Sócio-Econômicos (Inesc), em outubro de 1988, logo após a promulgação da Constituição.

O DIREITO SOCIAL E A ASSISTÊNCIA SOCIAL...

ções, confrontos. Ao todo foram apresentadas, durante as várias fases de Comissões, sistematizações, primeiro e segundo turnos no plenário, 65.809 emendas. Existiram nove projetos, desde o de 15 de julho de 1987 até o último, a redação final, em setembro de 1988." (Coelho, 1988: 4)

Essa descrição do processo constitucional aponta a compreensão de que novos tempos foram inaugurados no Brasil. Desde a primeira Constituição republicana de 1891, conforme exposto no Capítulo 2, nenhum texto constitucional havia sido construído com tanto espaço para o contraditório, resultando daí pelo menos duas forças centrais no Congresso Nacional, uma representada por partidos de esquerda, comprometidos com a viabilidade das reformas sociais, e outra representada pelos partidos conservadores, à qual foi dado o nome de "Centrão". A finalidade da aglutinação política, além de garantir o processo constituinte, acabou sendo a de dar condições de manutenção da estrutura econômica, política e social do país.

Além do embate congressual de propostas de diversos matizes, a estrutura regimental da Assembléia Nacional Constituinte abriu espaço para outros canais de participação, assim constituídos:

a) possibilidade de apresentação de sugestões às subcomissões específicas por parte de qualquer entidade associativa, ao lado de organismos institucionais, como câmaras de vereadores, Assembléia Legislativa, tribunais e dos próprios constituintes;

b) ampliação do debate referente ao trabalho das subcomissões por meio de audiências públicas, abertas a representações e autoridades da sociedade civil e política;

c) participação da cidadania na indicação de emendas populares, onde, mediante a assinatura de 30 mil eleitores e com a representatividade de entidades associativas, foram apresentadas 122 propostas, das quais foram admitidas 83 emendas, por cumprirem todas as regras formais;

d) participação da cidadania na defesa das emendas aprovadas por intermédio do tribunal da Comissão de Sistematização por um dos seus signatários (Coelho, 1988).

Portanto, o processo mostra a grande participação que foi gerada pelos movimentos populares, principalmente se comparado com os outros períodos pré-constitucionais vividos no Brasil, conforme já registrado no Capítulo 2.

O resultado desse processo foi o texto aprovado e que deu consistência ao que se convencionou chamar de "Constituição Cidadã" (Carvalho, 2002), pois

"é muito expressivo no sentido de revelar a existência de um conflito, com as forças sociais tradicionalmente dominantes, conseguindo ainda manter controle sobre as definições de ordem econômica, mas tendo que aceitar que na mesma Constituição estejam declarados e protegidos os direitos dos indivíduos e dos grupos sociais que só recentemente conseguiram participação efetiva em decisões políticas." (Dallari, 2000: 482)

Essas decisões revelam o paradoxo existente entre as do campo econômico e as do social, que, aliás, marcou historicamente as relações entre sociedade e governos e que imprimiu o perfil dos governos subseqüentes, pois o "modelo econômico amplia a exclusão e fragiliza as políticas sociais" (Fagnani, 1999: 155).

Para a compreensão dos desafios surgidos na Constituição de 1988, no âmbito dos direitos civis, políticos e sociais, é preciso apontar o que foi garantido no texto legal. Essa identificação se encontra expressa no Quadro 15.

O conteúdo das informações indica que há um asseguramento de direitos na área trabalhista, que pode ser compreendido pela consolidação do processo constitucional implementado desde 1946 (Quadro 6) e que, do ponto de vista individual, não é interrompido nem na Constituição de 1967 (Quadro 10) nem na Constituição de 1969 (Quadro 11), elaboradas durante o regime militar. Nesse processo constituinte, entretanto, agregou-se um fator muito importante, o direito na ótica da universalidade, o que fica evidenciado na igualdade de direitos entre trabalhadores urbanos e rurais.

Em relação aos direitos civis, a Constituição inovou ao incluir, no rol dos já tradicionais direitos presentes nas outras constituições, outros dois importantes instrumentos. O primeiro, o *habeas data*, garan-

O DIREITO SOCIAL E A ASSISTÊNCIA SOCIAL...

Quadro 15
A Constituição brasileira de 1988 e as identificações dos direitos civis, políticos e sociais

Constituição de 1988	Síntese dos Direitos		
Cap. e Artigos	Civis	Políticos	Sociais
Capítulos I, II, III e IV Artigos 5, 6, 7, 8, 9, 10, 11, 12, 13, 14, 15, 16, 17, 170, 184, 194, 195, 196, 197, 198, 199, 200, 201, 202, 203, 204, 205, 206, 207, 208, 209, 210, 211, 212, 213, 214, 215, 216, 217, 218, 219, 220, 221, 222, 223, 224, 225, 226, 227, 228, 229, 230, 231, 232	— todos são iguais perante a lei; — homens e mulheres são iguais em direitos e obrigações; — são invioláveis a intimidade, a vida privada, a honra e a imagem das pessoas, assegurando-se o direito à indenização pelo dano material ou moral decorrente de sua violação; — ninguém será submetido a tortura nem a tratamento desumano ou degradante; — *habeas corpus*; — *habeas data*; — mandado de segurança coletivo; — mandado de injunção.	— expansão do voto para analfabetos; — voto facultativo para maiores de 16 anos até 18 anos e para os maiores de 70 anos; — flexibilização da organização dos partidos políticos, podendo um partido ser criado a partir da assinatura de 30 pessoas; — liberdade de imprensa e o debate político como regra dos processos eleitorais.	— redução da jornada semanal de trabalho de 48 horas para 44 horas; — férias anuais remuneradas com mais um terço de salário; — extensão do FGTS a todos os trabalhadores; — licença-paternidade; — direitos iguais aos trabalhadores urbanos, rurais e domésticos; — vinculação da aposentadoria ao salário mínimo; — extensão aos aposentados dos benefícios concedidos aos trabalhadores ativos; — ampliação de 90 para 120 dias do período de licença-gestante; — reconhecimento do direito de greve e de autonomia e liberdade sindical; — inclusão do seguro-desemprego como direito dos trabalhadores urbanos e rurais; — universalização do ensino fundamental; destinação de recursos públicos para esse nível de ensino e para a erradicação do analfabetismo; — gratuidade do ensino público em todos os níveis; — transformação da creche em um serviço educacional; — uniformidade e equivalência dos benefícios e serviços; — irredutibilidade do valor dos benefícios; — diversidade de sua base de financiamento; — gestão administrativa descentralizada e com controle social; — acesso a todo serviço de saúde, com os princípios da universalidade e da eqüidade; — reconhecimento da assistência social como componente da seguridade social; — salário mínimo para idosos e portadores de deficiência que não puderem se manter.

Nota: A inovação na área dos direitos civis é aparecerem como direitos individuais e coletivos.
Fonte: Sistematização da pesquisadora.

tindo o direito de os cidadãos terem acesso aos dados pessoais constantes nos órgãos de informações dos governos militares; e o segundo, o mandato de injunção, por meio do qual pode ser cobrado do governo aquilo que, por sua ineficiência, deixou de ser regulado (Dallari, 2000). É importante lembrar que a Constituição de 1988 exigia que houvesse regulações complementares, ou seja, leis ordinárias para que a população pudesse ter acesso aos direitos garantidos no texto constitucional.

Quanto ao campo dos direitos políticos, estendeu-se o direito do voto aos analfabetos pela primeira vez em texto constitucional. Flexibilizou-se a formação dos partidos políticos e permitiu-se o debate, por meio dos órgãos de comunicação, dos candidatos aos processos eleitorais realizados após a Constituição. Esses direitos foram mantidos durante os processos que foram realizados no Brasil a partir de então.

No entanto, é no campo dos direitos sociais que estão contidos os maiores avanços da Constituição de 1988. Isso começa a ser evidenciado no texto a partir do artigo 3, que define como objetivos da República Federativa do Brasil:

"I — Construir uma sociedade livre, justa e solidária;

II — Garantir o desenvolvimento nacional;

III — Erradicar a pobreza e a marginalização e reduzir as desigualdades sociais e regionais;

IV — Promover o bem de todos, sem preconceitos de origem, raça, sexo, cor, idade e quaisquer outras formas de discriminação." (Brasil, 1988)

Os objetivos deixam claro que os constituintes, além de reconhecerem as desigualdades sociais e regionais brasileiras, impuseram a solução dessas desigualdades à ação do país. O avanço que respondeu mais de perto a esses objetivos é o que constituiu o sistema de seguridade social, criado pelo artigo 194, que é congregador das políticas de saúde, de previdência social e de assistência social.

O artigo 194 estabelece que "a seguridade social compreende um conjunto integrado de ações de iniciativa dos Poderes Públicos e da sociedade, destinadas a assegurar os direitos relativos à saúde, à previdência e à assistência social" (Brasil, 1988). Além disso, no seu parágrafo único, o artigo determina que:

> "compete ao Poder Público, nos termos da lei, organizar a seguridade social, com base nos seguintes objetivos:
> I — universalidade da cobertura e do atendimento;
> II — uniformidade e equivalência dos benefícios e serviços às populações urbanas e rurais;
> III — seletividade e distributividade na prestação dos benefícios e serviços;
> IV — irredutibilidade do valor dos benefícios;
> V — eqüidade na forma de participação no custeio;
> VI — diversidade da base de financiamento; e
> VII — caráter democrático e descentralizado da gestão administrativa, com a participação da comunidade, em especial de trabalhadores, empresários e aposentados." (Brasil, 1988)

Nos artigos que se seguem até o 204, a Constituição trata de determinar como o tripé da seguridade deverá ser estabelecido. Portanto, a saúde aparece como direito de todos e dever do Estado; a previdência será devida mediante contribuição, enquanto a assistência social será prestada a quem dela necessitar, independentemente de contribuição.

O estatuto legal, então, rompe com a lógica fragmentada e busca, por meio da seguridade social, dar um sentido amplo à área social, trabalhando na lógica da ampliação dos direitos sociais e da inserção da noção de responsabilidade do Estado brasileiro frente a essas políticas.

Assim, é possível afirmar que a política de seguridade social proposta tem como concepção um sistema de proteção integral do cidadão, protegendo-o quando no exercício da sua vida laboral, na falta dela, na velhice e nos diferentes imprevistos que a vida lhe apresentar, tendo para a cobertura ações contributivas para com a política previdenciária e ações não-contributivas para com a política de saúde e de assistência social. Nesse novo conceito, a seguridade social

> "Significa que a sociedade se solidariza com o indivíduo quando o mercado o coloca em dificuldades. Ou seja, significa que o risco a que

qualquer um, em princípio, está sujeito — de não conseguir prover seu próprio sustento e cair na miséria — deixa de ser problema meramente individual e passa a constituir uma responsabilidade social pública. Por isso, a Seguridade Social, em países avançados, fica, de uma forma ou de outra, nas mãos do Estado." (Vianna, 1999: 91)

O texto constitucional introduziu uma grande inovação do ponto de vista da participação do Estado como condutor do estabelecimento do sistema. A história passada, como apontada no Capítulo 2, bem como a mais recente, revisitada no primeiro item deste capítulo, mostra a persistência da ausência de mecanismos públicos estatais de caráter universal; ao contrário, o Estado sempre foi refratário a essa assunção.

É possível afirmar, em vista dessas análises, que a Constituição de 1988 foi aprovada a partir de uma lógica conceitual bastante nova para sociedade brasileira, aquela baseada nos princípios do *Welfare State*, de recorte social-democrata.[15]

Do ponto de vista conceitual, acompanha os projetos implementados nas sociedades de capitalismo avançado, com dois grandes problemas de fundo: 1) um atraso de 40 anos em relação aos países de economia avançada — é preciso lembrar que o sistema proposto se orienta pelo conceito elaborado por Beveridge, na Inglaterra, em 1940 (Pereira, 2000) —; e 2) sua inscrição num contexto onde há uma outra configuração do capitalismo internacional, regido pelas idéias teóricas neoliberais, que tem como primazia a destruição dos projetos do *Welfare State*.

"Ainda que só tenha ocupado lugar de honra na Constituição de 1988, a Seguridade Social tem uma longa trajetória no Brasil, que remonta, *grosso modo*, aos anos 1920. Chega ao início do século XXI, portanto, encharcada de história, carregando consigo marcas que, em boa medida, refletem o modo como nos modernizamos, o caminho que seguimos rumo ao capitalismo, as lutas sociais, a maneira como fomos resolvendo as tensões e as diferenciações inerentes a esse processo. Estampa

---

15. Para melhor esclarecimento dessa categoria conceitual de Estado, ver o Capítulo 1, item 1.3.

no seu modo de ser, o modo de ser da sociedade [...] nosso reformismo larvar e inconcluso, nosso Estado burocratizado e impregnado de interesses particulares, nossa vida política repleta de clientelismo e fisiologia [...]." (Nogueira, 2001: 14)

Essas problemáticas vão incidir sobre todos os movimentos que acompanharão a regulamentação das legislações ordinárias oriundas da Constituição, que, em confronto com a realidade imposta ao país, têm incidência importante na consolidação dos direitos sociais no Brasil.

Nesse sentido, é possível afirmar que, no campo conceitual, a introdução da seguridade como sistema de proteção social, enfeixado pela Previdência Social, saúde e assistência social, é um marco no avanço do campo dos direitos sociais no Brasil. Pela primeira vez um texto constitucional é afirmativo no sentido de apontar a responsabilidade do Estado na cobertura das necessidades sociais da população e, na sua enunciação, reafirma que essa população tem acesso a esses direitos na condição de cidadão.

No entanto, para a sua afirmação, os traços constitutivos da herança social brasileira demarcarão limites. Esse processo será evidenciado a partir de uma análise mais específica da política de assistência social, pois o campo dessa política é fértil de elementos para a avaliação do processo de constituição do direito social no Brasil, conforme determina a Constituição de 1988 e a Lei Orgânica da Assistência Social. O estudo mais criterioso desse movimento deverá apontar as determinações conjunturais e estruturais que englobam esse processo. Desdobrá-lo parece ser a forma de melhor apreender quais as transformações que puderam ser feitas e quais as que contribuem para referendar as velhas formas de se relacionarem com as demandas da população.

2. Direito social e assistência social: uma contradição em processo ou um processo em contradição?

A escolha do campo da assistência social para explicitar as conquista dos direitos sociais pela população brasileira é emblemática, pois sua concepção e sua operacionalização revelam os limites e as possibilidades no que concerne à efetivação dos direitos sociais no Brasil. Essa área possibilita que sejam identificados os fundamentos e a natureza dos direitos sociais, bem como a sua titularidade. É uma área reveladora das heranças dos ideários liberal e social que embasaram as ações do Estado ao longo das décadas de 1930 a 1980 e que acompanharam o movimento histórico, político e econômico do país. Também se pode observar, a partir desse campo de política social, a forma particularizada para determinados grupos específicos, tendo essa destinação versões mais ou menos institucionalizadas conforme o próprio processo histórico social. Essas reflexões podem ser observadas a partir das informações contidas no Quadro 16.

A introdução da assistência social como política social da área da seguridade social incorpora uma inovação conceitual, mas também reitera as heranças históricas constitutivas da cultura política brasileira. Quanto à inovação conceitual, a mesma pode ser compreendida na sua dimensão *latu senso*, sendo aquela "que, por estar respaldada tanto no movimento da sociedade quanto em garantias legais, integra efetivamente o projeto político das demais políticas de proteção social. Além disso, constitui a feição verdadeiramente social das políticas de bem-estar capitalistas" (Pereira, 1996: 40).

E, quanto à manutenção das velhas concepções históricas, no âmbito *stricto sensu*, reitera a forma restritiva da mesma, pois associa essa área ao assistencialismo e às formas emergenciais de atender à população, que, nesse caso, é aquela vinculada à pobreza absoluta (Pereira, 1996).

> "A forma assistencialista como se apresenta a assistência social no Brasil pode ser analisada a partir da constatação de que: do ponto de vista político, as intervenções no campo da política social e, particularmente, na assistência social, vêm se apresentando como espaço propício à ocorrência de práticas assistencialistas e clientelistas, servindo também ao fisiologismo e à formação de redutos eleitorais [...]. Em outras palavras, tratamos aqui de uma espécie de 'cultura política' que nega a identidade social dos subalternos e seu pertencimento a uma classe; tratamos de uma forma de ocultar o conflito e a resistência e de legitimar a dominação." (Yazbek, 1993: 41)

Quadro 16
Síntese dos direitos e programas sociais vinculados ao campo da assistência social no Brasil — 1934-88

Discriminação	Garantias Constitucionais	Respostas institucionalizadas pelo Estado
1934	— atendimento às famílias de prole numerosa; — amparo aos desvalidos; — amparo à maternidade e à infância; — organização de colônias agrícolas para habitantes das zonas empobrecidas ou sem trabalho.	Não há definições de programas institucionais na área, ficando essa atendida pela filantropia, tendo um caráter de ajuda aos necessitados.
1937	— amparo à infância e à juventude; — aos pais miseráveis, assiste o direito de invocar o auxílio e a proteção para subsistência e proteção de sua prole.	— 1940: Plano de Alimentação ao Trabalhador; — 1942: criação da Legião Brasileira de Assistência.
1946	— assistência à maternidade, à infância e à adolescência; — assistência aos desempregados.	— 1950: Programa de Alimentação de Gestantes e Programa de Alimentação Escolar; — 1964: criação da Fundação do Bem-Estar do Menor.
1967	— lei especial disporá sobre assistência à maternidade, à infância e à adolescência e sobre a educação dos excepcionais; — necessidade de apontar fonte de custeio para benefícios assistenciais.	As respostas à questão assistencial são institucionalizadas a partir de 1972.
1969	Idem a de 1967.	— 1972: Programa Nacional de Alimentação e Nutrição para o grupo materno-infantil; — 1977: Programa de Complementação Alimentar e Programa de Alimentação do Trabalhador; — 1985: Programa de Suplementação Alimentar; — 1986: criação da Secretaria Especial de Ação Comunitária; Programa Nacional de Alimentação Escolar e Programa Nacional do Leite para as crianças carentes.
1988	— a assistência compõe o tripé da seguridade social; — destina-se a quem necessitar; — não-contributiva; — dever do Estado e direito do cidadão; — salário mínimo ao idoso e ao portador de deficiência sem condições de se manter.	— 1993: Lei Orgânica da Assistência Social e Benefício de Prestação Continuada; Programa de Combate à Fome e à Miséria; — 1995: Programa Comunidade Solidária.

Fonte: Sistematização pela pesquisadora.

O campo da assistência social sempre foi uma área muito nebulosa da relação entre Estado e sociedade civil no Brasil. Para compreendê-la, é preciso inscrevê-la no contexto da sociedade de capitalismo tardio[16] que se revelou o Brasil. Conceitos como assistencialismo e clientelismo têm sido apontados como constitutivos de uma sociedade conservadora que, por muito tempo, considerou a pobreza como um atributo individual daqueles que não se empenharam para superá-la.

O esforço do Brasil para ingressar no mundo desenvolvido, na sua etapa do capitalismo monopolista, criou um grande estoque de desigualdade social, com enorme concentração de renda, o que vem se acentuando no decorrer dos anos, impelindo o Estado e a sociedade a darem respostas para o enfrentamento desses fenômenos. "De fato, a assistência social no Brasil tem sido um *mix* de ações eventuais e pontuais de órgãos governamentais dispersos e práticas de indivíduos, grupos e entidades privadas" (Raichelis, 1998: 124). Todas essas ações estão voltadas para o desenho de política residual, descolada do contexto econômico e de trabalhos pautados pela racionalidade técnica ou legal, com o objetivo de mascarar seu papel na seara do atendimento às necessidades humanas e sociais.

Para que isso não aconteça, é preciso compreender a assistência social a partir de uma reflexão que a coloque

> "quer como um dos setores da política social brasileira, quer como mecanismo compensatório que permeia o conjunto das políticas sociais públicas no país, [...] a partir de perspectivas históricas e sociais que situam o assistencial como ação engendrada na teia das relações estabelecidas entre o Estado e os setores excluídos da sociedade, no contexto da reprodução social da força de trabalho." (Yazbek, 1993: 49)

Ou, ainda:

> "é importante que a assistência social seja analisada a partir de uma contradição fundamental, qual seja: a coexistência da abundância com

---

16. Para aprofundar o tema, ver Cardoso de Mello (1990).

O DIREITO SOCIAL E A ASSISTÊNCIA SOCIAL...

a pobreza e, portanto, do princípio da rentabilidade econômica com o princípio da atenção às necessidades sociais em um mesmo processo de produção." (Pereira, 1998: 2)

A história brasileira tem apontado a tentativa de desvincular o campo da assistência social tanto da órbita de intervenção do Estado como da compreensão da sua inserção na área da reprodução social, podendo ser induzido daí que essas demandas são gestadas fora da produção social. Assim,

> "a saída para a pobreza tende a ser visualizada exclusivamente através da construção de identidades coletivas, de novas formas de sociabilidade que dêem sustentação a uma moderna concepção de cidadania, mantida intocada a organização do mundo do trabalho." (Iamamoto, 1993a: 11)

A constante tentativa de explicar o campo assistencial como decorrência de desajustes individuais vai conformando respostas às demandas que vão desde a repressão individual até a benemerência, plasmada em princípios moralizantes.

Seu caráter assistencialista traduz-se pela ajuda aos necessitados, pela ação compensatória, por uma política de conveniências eleitorais e pelo clientelismo. Expande-se na esteira do favor pessoal, combinando uma atenção reduzida com a necessidade de reconhecimento por parte do receptor da ajuda que está sendo prestada. Desloca a ação para o campo privado, o interesse pessoal, exacerbando a lógica de que o caráter é o da concessão e da benesse, uma vez que:

> "O padrão de intervenção do Estado brasileiro concentrou-se no financiamento da acumulação e de expansão do capital, em detrimento da consolidação das instituições democráticas e da institucionalização do acesso público a bens, serviços e direitos básicos de extensas camadas da população trabalhadora." (Raichelis, 1998: 66)

Essa tradição histórica brasileira de deslocamento do Estado para atender às demandas do capital em detrimento das necessidades sociais tem sido caracterizada como implementação de políticas de "corte liberal e individualista, referente à desigualdade e às práticas diferenciadas do mercado, despolitiza as relações sociais, reforça preconceitos e desestrutura políticas no campo social (Yazbek, 1997: 6).

Do ponto de vista das refrações da relação capital e trabalho, o atendimento das necessidades sociais no Brasil, como apontado no Capítulo 2, foi efetuado na ótica da cidadania regulada, ou seja, como decorrência da base contratual de trabalho, tendo como financiamento dessas políticas recursos advindos dos próprios trabalhadores. É originário dessa política o preconceito em relação à parcela da população que não consegue acessar esses direitos por ser considerada incapaz para o trabalho. Centraliza-se aí,

> "Um peculiar modelo de cidadania, dissociado de direitos políticos, e também das regras da equivalência jurídica, tendo sido definida estreitamente nos termos da proteção do Estado, através dos direitos sociais, como recompensa ao cumprimento com o dever do trabalho." (Telles, 1999: 89-90)

Para os que ficavam fora da formalidade do trabalho, restava a benemerência, a filantropia, a regulação *ad hoc*, ou seja, caso a caso, operada por sujeitos institucionais desarticulados e assentada na concessão (Pereira, 1988).

> "Na verdade, o pacto conservador em que se sustentaram a modernização e o desenvolvimento no Brasil não computou a participação democrática em nenhuma de suas formas, e jamais patrocinou, por conseqüência, a institucionalização de estruturas que pudessem dar conta das pressões pela ampliação da cidadania política e social." (Fiori, 2001: 282)

No entanto, foi no movimento pela redemocratização brasileira, no contexto do período pré-constituinte, com as conseqüências do processo de reestruturação produtiva,[17] que ocorreu em escala mundial e afetou o Brasil, que a assistência social começou a ganhar visibi-

---

17. Não cabe, nos marcos desta tese, discutir a reestruturação produtiva. Para o seu aprofundamento, consultar Harvey (1992) e Antunes (1995).

lidade como política social, campo do direito social. Assim, ela passou a ser definida como:

"um tipo particular de política social que se caracteriza por:

a) genérica na atenção e específica nos destinatários;

b) particularista, porque voltada prioritariamente para o atendimento das necessidades sociais básicas;

c) desmercadorizável; e

d) universalizante, porque, ao incluir segmentos sociais excluídos no circuito de políticas, serviços e direitos, reforça o conteúdo universal de várias políticas sócio-econômicas setoriais." (Pereira, 1996: 29)

Essa definição da política de assistência social engloba diversos aspectos inovadores: a) a sua definição como política social; b) a definição de que é possível existir provisão social sem que, para isso, seja necessário a contribuição financeira de quem é demandatário da política; e c) o caráter universalizante, colocando-a no rol de integração com as demais políticas sociais e principalmente econômicas.

A concepção da política de assistência social remete para algumas características, apontadas por Diaz (1989), quanto à definição de direito social, conforme o Capítulo 1, ou seja, o estabelecimento de direitos sociais que pressupõem um Estado provedor, ativo, com titularidade coletiva e com caráter de provisão social. Porém, como demonstrado nesse mesmo capítulo, somente essas características não são suficientes para defini-la como direito social, uma vez que, na realidade brasileira, a assistência social parece não fugir do "dilema entre constituir-se em política de provisão de necessidades básicas ou a tradicional prática de socorro e ajuda" (Gomes, 2001: 59).

Sendo assim, pode-se inferir que, embora a concepção da assistência social porte uma dimensão de "provisão social", que tem por base a noção de direito social, a mesma é plasmada no contexto de uma sociedade que historicamente vinculou o campo dos direitos sociais à versão de compensação àqueles que, pelo trabalho, eram merecedores de ser atendidos socialmente. Sendo assim, o campo dos direitos, na sociedade brasileira, é marcado por um processo contraditório, próprio da relação acumulação de capital *versus* distribuição de renda. Ou seja, o que está em jogo para que sejam efetivados os direitos sociais é a possibilidade, ou não, nos parâmetros dessa sociedade, da ampliação de investimentos de capitais em áreas não-lucrativas.

2.1. A política de assistência social no Brasil: campo do direito social?

Uma análise acurada sobre a realidade brasileira, suas formas de governo e seus textos constitucionais anteriores a 1988 poderia levar à conclusão apressada de que não há compatibilidade entre assistência social e direito social. Muitos dados apontam essa assertiva; o campo assistencial esteve quase sempre ligado a práticas clientelistas, assistemáticas, de caráter focalista e com traços conservadores, sendo impossível articulá-lo com a noção de direito social, a não ser na sua forma mais restritiva, ou seja, do antidireito.[18]

Os governos, com suas características, sejam eles populistas, nacionalistas, desenvolvimentistas, de orientação democrática ou ditatorial, de perfil civil ou militar, que se sucederam no período de 1930 a 1999, traçaram um sistema de proteção social que, com suas particularidades, conforme tratadas no decorrer desta obra, incidiram no campo da assistência social de forma ambivalente. Embora os discursos oficiais das épocas buscassem legitimar os projetos de governos por meio do sistemático chamamento da população para a sua aprovação, as ações governamentais basicamente se conformavam em atender aqueles que não eram considerados cidadãos, mas sim clientelas, traduzidos pelos mais diversos adjetivos, como carentes, descamisados, entre outros. Foi na esteira desse caráter ambivalente que a assistência social foi se consolidando como política social no Brasil.

É de se perguntar como um campo que historicamente é visualizado na órbita da relação pessoal, tratado como particularidade da esfera privada e instituindo-se com recursos insuficientes — conforme analisado no Capítulo 2 —, foi transmutado, via legislação, para a seara do terreno público e afiançado como direito?

---

18. Quanto a essa noção, consultar o Capítulo 1.

Vários são os indicativos que podem compor o rol de argumentações sobre esse fato, mas é importante aqui o anúncio de dois fatores que, *grosso modo*, podem ser entendidos como fundamentais nesse processo. O primeiro é o avanço internacional e nacional de idéias vinculadas aos direitos humanos e ao suprimento de necessidades oriundas da relação entre capital e trabalho, que exigem algo mais do que a legislação trabalhista. Ter direito ao trabalho e a todas as garantias que ainda persistem e resistem no campo formal parece ser insuficiente para dar conta das necessidades sociais da classe que vive do trabalho e de suas famílias, e, portanto, há necessidade de uma estrutura social que responda a eles.

O segundo motivo é indicado pela invasão do campo assistencial por uma população que antes ficava fora de sua área de atuação. São aqueles que, pelo desemprego, ou emprego precário e/ou em virtude da crise estrutural gestada pela reestruturação produtiva, não encontram mais espaço nas políticas trabalhistas e vêem como fundamental a busca de atendimento no campo da assistência social. Esse adensamento muitas vezes é feito por uma população que se reconhece como portadora de direitos, o que já é inovador no tradicional campo da benesse e do favor, características até há pouco tempo únicas na definição do campo da assistência social.

Essa mudança de perspectiva deu-se em um contexto de participação política da sociedade brasileira, mas, ao mesmo tempo, de pouca densidade de disputa de projetos para a área da assistência social, o quer pode ser creditado, em parte, às dificuldades de concebê-la como campo do direito e da política social capitalista. De qualquer forma, é possível verificar um movimento em que:

> "O social torna-se campo de lutas e de manifestações dos espoliados, o que não significa uma ruptura com o padrão de dominação e de clientelismo do Estado brasileiro no trato com a questão social. Trata-se de uma relação que, sob a aparência de inclusão reitera a exclusão, pois inclui de forma subalternizada, e oferece como benesse o que na verdade é direito. Mas é importante ter presente que a exclusão não é um movimento unívoco do Estado, pois uma relação que contraditoriamente contém um espaço para luta pela conquista de direitos sociais." (Yazbek, 1993: 21-2)

E é dentro dessa possibilidade de conquistas que se insere, no texto da Constituição de 1988, a assistência social, como parte integrante da seguridade social e definida pelos artigos 203 e 204, que assim se referem a ela:

"Artigo 203 — A assistência social será prestada a quem dela necessitar, independente de contribuição à seguridade social, e tem por objetivos:

I) a proteção à família, à maternidade, à infância, à adolescência e à velhice;

II) o amparo às crianças e adolescentes carentes;

III) a promoção da integração ao mercado de trabalho;

IV) a habilitação e reabilitação das pessoas portadoras de deficiência e a promoção de sua integração à vida comunitária;

V) a garantia de um salário mínimo de benefício mensal à pessoa portadora de deficiência e ao idoso que comprovem não possuir meios de prover à própria manutenção ou de tê-la provido por sua família, conforme dispuser a lei.

Artigo 204 — As ações governamentais na área da assistência social serão realizadas com recursos do orçamento da seguridade social, previstos no artigo 195, além de outras fontes, e organizadas com base nas seguintes diretrizes:

I) descentralização político-administrativa, cabendo a coordenação e a execução dois respectivos programas às esferas estadual e municipal, bem como a entidades beneficentes e de assistência social;

II) participação da população, por meio de organizações representativas, na formulação das políticas e no controle das ações em todos os níveis." (Brasil, 1988)

Essa inserção, bastante inovadora, introduz o campo da assistência social como política social, dirigindo-se a uma população antes excluída do atendimento na ótica dos direitos. Sua definição impõe compreender o campo assistencial como o da provisão necessária para enfrentar as dificuldades que podem ser interpostas a qualquer cidadão e que devem ser cobertas pelo Estado.

De acordo com esses artigos, há um redimensionamento no campo da assistência social, que ganha, a partir do texto constitucional, o passaporte para se transformar em lei ordinária que regulamente a relação entre Estado e sociedade na ótica do atendimento das necessidades sociais da população. E isso só foi feito cinco anos após a Constituição de 1988, quando o presidente Itamar Franco encaminhou ao Congresso a Lei n°. 8.742/93, finalmente regulamentando a assistência social como política social de cunho público e não-contributiva, credenciando-a, portanto, no campo dos direitos sociais.

2.2. A juridificação da assistência social: expressão da sua contradição no campo do direito social

A assistência social foi a última área da seguridade social a ser regulada. A saúde teve sua lei orgânica aprovada em 1990 (Lei n°. 8.080), a previdência social teve a lei que instituiu os Planos de Custeio e Benefícios aprovado em julho de 1991 (Leis n° 8.212 e n° 8.213), e a assistência social só foi regulada em 1993.[19]

Essa regulação tardia pode ser avaliada, no mínimo, sob dois prismas. O primeiro, aquele já apontado neste capítulo, é o preconceito com a área, a falta de densidade política e de debate conceitual que alimentassem as decisões sobre a mesma (Pereira, 1996; Yazbek, 2001). O segundo pode ser creditado à rearticulação das forças conservado-

---

19. No período de finalização da discussão e da formulação da Loas, participamos da diretoria Colegiada do Conselho Federal de Serviço Social (CFESS), gestão 1993-96, no cargo de presidente. Essa participação colocou-nos em lugar privilegiado na luta ocorrida na sociedade brasileira pela implementação da Loas. O conjunto CFESS/Cress participou ativamente das discussões em torno do projeto de lei, como também teve importante papel na mobilização da sociedade brasileira em prol da necessidade de regulamentação da área de assistência social. Também os cursos de serviço social, especialmente o da Pontifícia Universidade Católica de São Paulo e da Universidade de Brasília, que tinham, no momento, núcleos de pesquisa sobre esta temática, produziram aportes teóricos fundamentais para o avanço da conceituação da área. Aliás, produção esta que, até os dias de hoje, tem sido fundamental na avaliação dos avanços e recuos que têm demarcado a política de assistência social. Muitas são as dissertações e teses que têm sido produzidas pelos programas de pós-graduação. É substancial o acervo teórico e o aprofundamento do tema que têm sido objeto de inúmeros e qualificados autores do Serviço Social, como Maria Carmelita Yazbek, Aldaiza Sposati, Raquel Raichellis, Potyara Pereira, Rosa Stein, Ivanete Boschetti, Beatriz Paiva e Ana Ligia Gomes, apenas para citar alguns.

ras no país, após 1989, que apontavam a crise fiscal como fator preponderante para a atuação do Estado e imprimiram muitos óbices a tudo que gerasse gasto, inclusive o social. "A marca dessa década é a convergência da exclusão social com a supressão de direitos e a fragilização da capacidade de intervenção do Estado via políticas sociais" (Fagnani, 1999: 174).

Agrega-se a esses elementos o fato de que, nesse período, no mundo, as economias atravessavam profunda recessão, com perda significativa da massa salarial, aumento de desemprego, resultantes dos custos sociais dos processos de estabilização do sistema capitalista (Fiori, 1998).

Mas, contraditoriamente, foram essas condições, adicionadas ao ambiente político interno do Brasil, especialmente com a mobilização popular pelo *impeachement* de Fernando Collor, que fizeram ressurgir as condições de pressão para que o governo Itamar Franco encaminhasse ao Congresso o projeto de lei que, finalmente, completou o campo da seguridade social.

Assim sendo, a Lei n°. 8.742/93 é resultado do dilema que sempre esteve presente na estruturação da área da assistência social brasileira. Do ponto de vista conceitual, a definição é bastante clara:

> "Artigo 1° — A assistência social, direito do cidadão e dever do Estado, é política de seguridade social não-contributiva, que provê os mínimos sociais, realizada através de um conjunto integrado de ações de iniciativa pública e da sociedade, para garantir o atendimento das necessidades básicas.
>
> Artigo 2° — A assistência social tem por objetivos:
>
> a. a proteção à família, à maternidade, à infância, à adolescência e à velhice;
>
> b. amparo às crianças e adolescentes carentes;
>
> c. a promoção da integração ao mercado de trabalho;
>
> d. a habilitação e reabilitação das pessoas portadoras de deficiência e a promoção de sua integração à vida comunitária;
>
> e. a garantia de 1 (um) salário mínimo de benefício mensal à pessoa portadora de deficiência e ao idoso que comprovem não possuir meios de prover a própria manutenção ou tê-la provida por sua família.

Parágrafo único — a assistência social realiza-se de forma integrada às políticas setoriais, visando ao enfrentamento da pobreza, à garantia dos mínimos sociais, ao provimento de condições para atender contingências sociais e à universalização dos direitos sociais." (Conselho Regional de Serviço Social)

Na sua definição e nos seus objetivos, a lei enumera as condições para que esse campo passe a ser considerado como de direito social. Indica a responsabilidade estatal e aponta a noção de solidariedade social, soldando a cadeia de atendimento à população-alvo de seus programas, embora faça isso de maneira genérica, ao citar a provisão dos mínimos sociais, sem defini-los. Essa tem sido uma disputa conceitual importante, pois os teóricos vinculados às perspectivas de recorte liberal-conservador tendem a entender os mínimos com precisão semântica e vinculados à precarização e à existência de recursos, conforme programas dos governos para atender às demandas da área. Já para os teóricos que propugnam pelo direito social, o conceito, embora ainda discutido preliminarmente, está preso ao necessário para se viver com dignidade, o que exige um repactuamento em torno do que ele compreenderia (Sposati, 1997; Pereira, 2000; Yazbek, 2001).

Também em relação aos princípios e diretrizes, a lei é bastante inovadora, e enumera-os na lógica da preservação do direito social, como pode ser observado:

"Artigo 4º. — A assistência social rege-se pelos seguintes princípios:
  I. supremacia do atendimento às necessidades sociais sobre as exigências da rentabilidade econômica;
 II. universalização dos direitos sociais, a fim de tornar o destinatário da ação assistencial alcançável pelas demais políticas públicas;
III. respeito à dignidade do cidadão, à sua autonomia e ao seu direito a benefícios e serviços de qualidade, bem como à convivência familiar e comunitária, vedando-se qualquer comprovação vexatória de necessidade;
 IV. igualdade de direitos no acesso ao atendimento, sem discriminação de qualquer natureza, garantindo-se equivalência às populações urbanas e rurais;

V. divulgação ampla dos benefícios, serviços, programas e projetos assistenciais, bem como dos recursos oferecidos pelo Poder Público e dos critérios para sua concessão.

Artigo 5º. — A organização da assistência social tem como base as seguintes diretrizes:

I. descentralização político-administrativa para os Estados, o Distrito Federal e os Municípios e comando único das ações em cada esfera de governo;

II. participação da população por meio de organizações representativas, na formulação das políticas e no controle das ações em todos os níveis;

III. primazia da responsabilidade do Estado na condução da política de assistência social em cada esfera de governo." (Conselho Regional de Serviço Social)

Tanto os princípios como as diretrizes fazem parte do empenho de construir um sistema onde exista de fato a reversão do quadro até então desenvolvido pela política de assistência social. É preciso ter claro que princípios como o enunciado no artigo 4, item I, são inovadores para o sistema de proteção social criado no Brasil. Desvincular da contribuição a prestação de serviços e ainda fazê-lo na ótica da supremacia das necessidades sociais sobre a rentabilidade econômica é bastante ousado e não encontra precedente nem na legislação social nem nos projetos políticos explicitados no Brasil.

Do ponto de vista da publicização e direito à qualidade do serviço, a imposição da lei novamente veio de encontro à realidade da maioria dos programas executados até então. Outra inovação consiste no sistema compartilhado de gerenciamento entre governo federal, os estados, o Distrito Federal e os municípios, e a primazia do Estado na responsabilidade da condução da política. Pela trajetória histórica demonstrada a partir do Capítulo 2, o papel do Estado sempre foi secundário ou de subsidiaridade ao trabalho executado por entidades privadas e/ou filantrópicas.

O controle social, previsto constitucionalmente para todas as políticas sociais do campo da seguridade, foi um avanço que apresentou dificuldades no seu encaminhamento. Além da característica do

Estado brasileiro de ser refratário ao controle público e popular às suas ações, encontra-se na área da assistência social um tipo particular de cidadania, a invertida (Fleury, 1994). Ou seja, aquela que caracteriza a relação do Estado com a população pela ausência de cidadania, considerada passaporte para o ingresso na assistência social. Essa característica contribuiu para a possível desfiguração dessa população como classe, ficando, portanto, difusa, tendo dificuldade de ser representada, e, quando o faz, corre o risco de ser de forma subalterna, herança persistente na relação do Estado brasileiro com a população pobre.[20]

No entanto, apesar dos fatores que dificultaram e ainda dificultam a compreensão da assistência social como direito, no que se refere a sua definição, seus objetivos, seus princípios e suas diretrizes legais,

> "Inegavelmente, a Loas não apenas introduz novo significado para a assistência social, diferenciando-a do assistencialismo e situando-a como política de Seguridade voltada à extensão da cidadania social dos setores mais vulnerabilizados da população brasileira, mas também aponta a centralidade do Estado na universalização e garantia de direitos e de acesso a serviços sociais qualificados, ao mesmo tempo em que propõe o sistema descentralizado e participativo na gestão da assistência social no país, sob a égide da democracia e da cidadania." (Yazbek, 1997: 9)

Porém, se é possível realizar esse balanço a partir da análise da estrutura inicial da lei, é na definição de seus programas e benefícios que o caráter restritivo se fará presente.

O único benefício garantido formalmente na lei, o Benefício de Prestação Continuada (BPC),[21] que traduz o direito constitucional do salário mínimo ao idoso e ao portador de deficiência, foi definido assim: "Artigo n°. 20 — O benefício de prestação continuada é a garantia de 1 (um) salário mínimo mensal à pessoa portadora de deficiência e ao idoso com 70 (setenta) anos ou mais e que comprovem não pos-

---

20. Sobre a questão dos conselhos de assistência social e sua representatividade, consultar Raichelis (1998).

21. Gomes (2001) desenvolve uma interessante e profunda discussão sobre o papel do BPC na política de assistência social.

suir meios de prover e nem de tê-lo provido por sua família" (Conselho Regional de Serviço Social). E no terceiro parágrafo do artigo, considera-se incapaz de fazer esse provimento "a família cuja renda mensal *per capita* seja inferior a ¼ (um quarto) do salário mínimo" (Conselho Regional de Serviço Social).

> "No que tange às condições de acesso aos benefícios de prestação continuada, novamente prevaleceu [...] a presença do critério de menor elegibilidade associado à defesa dos recursos financeiros em detrimento dos idosos pobres" (Pereira, 1996: 106).

Nesse critério, recoloca-se, no corpo da lei, o dilema de a área ser restritiva, particularista, ou ser do campo da provisão social, de caráter universal. O critério de pobreza remete para o sentido *stricto sensu*, onde a pobreza absoluta acaba prevalecendo. Por exemplo, por esse critério, uma família de quatro pessoas, onde uma delas auferisse uma renda de um salário mínimo, estaria fora do alcance do benefício. Se considerarmos a possibilidade de o salário mínimo prover o sustento de quatro pessoas, teremos que esse critério de elegibilidade "inovou em matéria de retrocesso político. Nunca, no Brasil uma linha de pobreza foi tão achatada, a ponto de ficarem acima dessa linha cidadãos em situação de pobreza crítica" (Pereira, 1998: 128).

A confrontação dos princípios com os efetivos mecanismos colocados à disposição da população para o enfrentamento de suas necessidades sociais recoloca a necessidade de entender o campo da assistência sob a lógica do capital e determinar suas possibilidades de alteração substantiva no campo da assistência social, o que poderia contribuir para a criação de uma cultura de direito social.

De qualquer forma, a Loas colocou um grande desafio na constituição da assistência social como espaço da esfera pública de política social, baseada nos princípios democráticos, que devem estar assentados em critérios como os apontados por Raichellis (1998), a saber:

— visibilidade: transparência dos discursos e ações por parte de quem toma decisões para compreensão dos implicados nas mesmas;

— cultura pública: superação do caráter privatista e tutelador da assistência social;

O DIREITO SOCIAL E A ASSISTÊNCIA SOCIAL...

— representação dos interesses coletivos: constituição de sujeitos sociais ativos;

— controle social: participação da sociedade civil organizada na arbitragem dos interesses em jogo e decisões tomadas segundo critérios pactuados; e

— democratização das decisões para além dos fóruns tradicionais e constituídos na lei, fazendo a mediação entre democracia representativa e participativa.

Os desafios do texto legal, com todas as suas contradições, foram objeto de apreensão pelo movimento social e pelos governos que se sucederam à promulgação da Loas. Na análise desse período, é possível identificar mais elementos integrantes do processo que reveste a assistência como campo, ou não, do direito social.

2.3. A vigência da Loas e os mecanismos para implementação da lei

A Lei Orgânica da Assistência Social foi aprovada no final de 1993, no governo Itamar Franco. Em relação ao campo legal da assistência social, recém-inaugurado, esse governo apenas encaminhou, depois de muita pressão por parte da sociedade civil, a criação do Conselho Nacional de Assistência Social e discutiu sua impossibilidade de dar cumprimento aos benefícios previstos na lei. Como já foi referido, o programa que se destacou nesse período foi o de Combate à Fome e à Miséria e a criação do Conselho de Segurança Alimentar (Consea).

Foi somente no governo de Fernando Henrique Cardoso — 1995 a 1999 — que a lei entrou em pauta nas disputas por reconhecimento. Essa disputa deu-se em um ambiente refratário ao encaminhamento das decisões legais quanto à assistência social, pois, conforme já abordado, o contexto nacional e o internacional eram adversos ao campo das políticas sociais com recorte universalizantes.

Apesar da vigência da Loas e do Conselho Nacional de Assistência Social já estar instalado e funcionando, o governo Fernando Henrique Cardoso optou por criar um sistema paralelo, o Programa Comunidade Solidária, instituído por meio da Medida Provisória n° 813/95.

Esse programa tinha o objetivo de "coordenar ações governamentais visando o atendimento de parcela da população que não dispõe de meios para prover suas necessidades básicas, em especial o combate à fome e à pobreza" (Artigo nº 12 da MP nº 813/95). Criou-se também um conselho de caráter consultivo, composto pelos ministros de Estados e por representantes da sociedade civil, indicados pelo Presidente da República. Do ponto de vista da integração ministerial, tão pouco comum nessa área, a proposta é considerada avançada, mas como ela foi feita na vigência da Lei Orgânica da Assistência Social, supõe-se que o governo estava pouco interessado em cumprir com os preceitos legais.

Além dessa medida, a MP nº 813/95 extinguiu históricas e controvertidas instituições sociais: a Legião Brasileira de Assistência Social, o Centro Brasileiro para a Infância e Adolescência (CBIA) e o Ministério do Bem-Estar Social (MBES), visando "modernizar a administração pública, enxugar a estrutura do Estado e o quadro de funcionários e abolir as práticas clientelistas, corporativas, fisiológicas e corruptas dos órgãos do governo" (Pereira, 1996: 137).

Com essa medida, a assistência social passou para a órbita do Ministério da Previdência e Assistência Social e a ser administrada pela Secretaria de Assistência Social do referido Ministério, devendo ser controlada pelo Conselho Nacional de Assistência Social.

A área da criança e do adolescente e dos portadores de deficiência foi transportada para o Ministério da Justiça, ficando o Conselho Nacional dos Direitos da Criança e do Adolescente como órgão específico desse Ministério, e a Coordenadoria Nacional para a Integração da Pessoa Portadora de Deficiência como órgão da Secretaria dos Direitos da Cidadania, do mesmo Ministério. Essas medidas no campo da organização burocrática e política da área apontam importantes questões quanto ao campo conceitual da assistência social, que foram amplamente apresentadas em estudos feitos por Yazbek (1995), Pereira (1996 e 1998), Sposati (1997), entre outros. Esses estudos salientam os seguintes pontos:

— a colocação da ampla tarefa de combate à pobreza em um programa específico, vinculado à Casa Civil da Presidência da

República, pode recolocar seu equacionamento no âmbito das relações privadas e desconsidera a área da assistência social como campo privilegiado na coordenação do problema;

— há o esfacelamento da população usuária da assistência social, dividindo-a em dois ministérios, o que colabora com a cultura de pouca organicidade entre os usuários e enfraquece suas possibilidades de criar representações, tão necessárias ao sistema da assistência social;

— deslocamento do campo da assistência social das prioridades governamentais, desarticulando-o do projeto de política econômica, mantendo-o no patamar da ação assistemática, fragmentada e paliativa, características, aliás, que o avanço conceitual do campo da assistência social tentou superar; e, por fim,

— extinção da rede da assistência social sem o devido processo de reordenamento previsto na lei, criando um impasse quanto à gestão dos programas existentes e colocando na insegurança um grande número de servidores públicos que trabalhavam nessas instituições.

Por essas razões, o governo Fernando Henrique Cardoso começou sua gestão colocando muitos óbices à criação de uma cultura de direito social no campo da assistência social, seja ele no nível da disputa conceitual, seja no da organização institucional ou dos recursos financeiros necessários para a implementação da política.

Do ponto de vista dos gastos sociais, o governo Fernando Henrique Cardoso deu prosseguimento ao programa de reformas, implantado no Brasil desde o governo Collor de Mello e principalmente pautado nos princípios estabelecidos pelo Plano Real, onde "pelo paradigma econômico em vigor, o sentido da reforma é a supressão de direitos para a geração de superávit primário" (Fagnani, 1999: 69).

Voltou, portanto, a ter destaque a lógica de que é a estabilidade econômica que trará o desenvolvimento social como conseqüência (Singer, 1999; Fagnani, 1999), embora a história pregressa e presente do Brasil não reafirme isso. Nessa lógica, diversos estudos efetuados sobre os desdobramentos da política de assistência social após a Loas "são unânimes em confirmar esta tendência em identificar na negligência do governo central o seu principal responsável" (Pereira, 2002: 67).

Uma avaliação do governo Fernando Henrique Cardoso aponta que, entre 1994 e 1998, não houve progressos no campo da assistência social. Além de não terem sido implementados os mecanismos garantidos pela LOAS, ocorreu uma redução no número de atendimentos nos serviços. O número de crianças em creches caiu de 1.652.337 em 1994 para 1.309.985 em 1998; o número de idosos atendidos passou de 235.878 para 226.773; e as pessoas portadoras de deficiência tiveram seu atendimento reduzido de 117.464 para 112.520 (Boschetti, 2001: 63). Esses dados estão associados à extinção da LBA, que, antes, em conjunto com municípios e entidades privadas, era responsável pelo atendimento. Os dados dessa pesquisa ganham relevância se comparados aos do Ipea, "que afirma que em 1999 existem 60 milhões de brasileiros que vivem abaixo da linha de indigência, isto é, com 40 reais por mês" (Yazbek, 2001: 41).

Os poucos investimentos do governo e sua política para com o social demarcam os traços marcadamente focalizados, que podem ser analisados em uma perspectiva de deslocamento do eixo da política de seguridade social para o campo da gerência técnica ou da filantropia (Telles, 1999). Reacendeu-se a tentativa de canalizar para o âmbito privado, da solidariedade caritativa, as respostas às demandas da população pobre, desconsiderando a legislação em vigor e o avanço conceitual e programático da área da assistência social.

Esse encaminhamento do governo Fernando Henrique Cardoso demonstra, no mínimo, três problemas centrais no campo da assistência social:

"a) do ponto de vista da cidadania, fere de morte o princípio da eqüidade ou da justiça social;

b) do ponto de vista racional, aumenta a pobreza ao invés de diminuí-la, porque deixa ao desamparo consideráveis parcelas da população e,

c) do ponto de vista ético, submete os demandantes da assistência social a constrangedores testes e a avaliações suspeitosas de pobreza, geradoras de estigmas." (Pereira, 2002: 68)

Em relação ao Benefício de Prestação Continuada, vários têm sido os mecanismos para dificultar o acesso aos demandantes desse benefício. Quanto aos portadores de deficiência,[22] sua condição, além do corte de renda já referido, agora é analisada por peritos do INSS, que agregaram a condição de doença irreversível para concessão do benefício, restringindo muito a intenção inicial dos legisladores. Em relação ao idoso, além da alteração do conceito de família, englobando mais pessoas ao cálculo da renda, o benefício tem sido utilizado como pagamento de sua permanência em casas asilares, rompendo com o critério da gratuidade de atendimento, princípio basilar na área da assistência social. Esses dados apontam a fragilidade dos novos conceitos implementados pela Loas, que são alterados tanto pelos governos como pela sociedade civil, retomando a lógica perversa com que são assistidos os demandatários da assistência social. É a velha forma convivendo e, muitas vezes, substituindo o avanço e as novas regras impostas pela legislação. Estabelece-se aí, o confronto:

> "Entre o pesado legado de tradição autoritária e excludente e as mudanças em curso no mundo contemporâneo, o cenário público brasileiro está atravessado por alternativas antagônicas de futuro, contrapondo, de um lado, as possibilidades de uma regulação democrática da vida social que tenha como medida o reconhecimento e generalização de direitos e, de outro, propostas neoliberais que representam uma tentativa de privatização das relações sociais pela recusa da mediação pública dos direitos e esferas de representação [...]". (Paoli & Telles, 2000: 114)

Os compromissos assumidos pelo governo Fernando Henrique Cardoso em nível internacional encaminham um projeto muito pouco permeável ao controle social e à implementação de uma esfera pública onde o campo dos direitos é conseqüência do embate político estabelecido publicamente. Ao contrário, no balanço de seu governo de 1995 a 1999 ressurgem grandes dificuldades na implementação dessa cultura pública. No campo da assistência social, o caráter uni-

---

22. Esse termo utilizado na Loas foi substituído pelo de portadores de necessidades especiais, depois de uma luta dos movimentos representativo do segmento, que consideram o termo utilizado na lei como estigmatizante.

versalizante é trocado por políticas residuais, vinculadas a critérios clientelistas, como os do Programa Comunidade Solidária. Os mecanismos de controle social são dificultados sobremaneira, pois as decisões das conferências nacionais de assistência social, bem como dos conselhos, pouco têm sido ouvidas nos seus encaminhamentos da política — ver a aprovação desde 1997, com o compromisso público do presidente Fernando Henrique Cardoso, da alteração do critério de renda do BPC para um salário mínimo *per capita* e do percentual de 5% da verba da seguridade social para a assistência social, decisões estas que não conseguiram sair do papel.

Embora a realidade tenha apontado as enormes dificuldades em submeter a lógica assistencial ao novo conceito vinculado ao direito, é possível afirmar que, com todas as limitações que o texto legal contém, como instrumento ele recoloca, junto com a Constituição de 1988, a possibilidade de suspeição da forma tradicional e assistencialista com que os governos e a elite nacional têm tratado os problemas oriundos da questão social.

Incorporar a legislação à vida da população pobre brasileira é necessariamente um dos caminhos, embora insuficiente, para incidir na criação de uma cultura que considere a política de assistência social pela ótica da cidadania.

Conclusão

O direito social é um produto histórico, construído pelas lutas da classe trabalhadora, no conjunto das relações de institucionalidade da sociedade de mercado, para incorporar o atendimento de suas necessidades sociais à vida cotidiana. É decorrência de um movimento das sociedades européias e norte-americana, iniciando pelo reconhecimento dos direitos civis e políticos a partir, principalmente, do século XVIII.

Compõe o direito social a idéia de que as dificuldades enfrentadas pelos homens para viver com dignidade serão assumidas coletivamente pela sociedade, com supremacia da responsabilidade de cobertura do Estado, que deverá criar um sistema institucional capaz de dar conta dessas demandas. E, no seu estágio maduro, a sociedade tem usado da juridificação para garantir o acesso de todos aos direitos, civis, políticos ou sociais, sendo que as constituições têm sido os mecanismos que representam essa pactuação.

No movimento europeu e norte-americano é possível indicar uma cronologia no campo dos direitos, que avança dos direitos civis, passando pelos políticos, para introduzir os sociais, que são feitos na ótica da constituição de protagonistas que reivindicam e conseguem criar um sistema vinculado aos diversos projetos de Estado de Bem-Estar Social, que garantem a cobertura às vulnerabilidades impostas pela relação entre capital e trabalho, sistema este que se fortaleceu após as duas grandes guerras mundiais e foi questionado nos anos 1970, quando o paradigma teórico neoliberal foi difundido como resposta à crise capitalista.

É possível apontar que é bastante peculiar a introdução dos direitos civis, políticos e sociais na vida da população brasileira. Sua constituição obedeceu a uma lógica inversa à do movimento europeu e norte-americano, pois esteve calcado em valores conservadores, arcaicos, que advinham de sua formação histórica, como país dependente e que teve sua descoberta vinculada a um projeto mercantil e sua economia agroexportadora baseada na mão-de-obra escrava.

Faltou ao Brasil, por muito tempo, uma burguesia expressiva e uma classe operária ativa, com objetivos comuns e luta corporativa, o que permitiu a expansão de uma concepção vinculada ao favor, ao compadrio e que não encontrava eco na consolidação dos direitos.

Portanto, no Brasil, o campo dos direitos percorreu uma trajetória muito peculiar. Desde sua independência, a formalidade das leis, o direito, parece não absorver a cultura de como se estabelecem as relações entre Estado, elites brasileiras e o povo em geral. Ao contrário, os traços paternalistas, clientelistas e patrimonialistas têm sido marcas constantes dessa relação, que, aos explicitá-los, retarda a possibilidade de criar condições para o exercício dos direitos, sejam eles civis, políticos ou sociais.

As cartas constitucionais brasileiras acompanharam, na sua maioria, a definição liberal dos direitos individuais, embora a história brasileira esteja repleta de acontecimentos que demonstrem o não-acatamento dos princípios referendados, o que também é observado em relação aos direitos políticos, que, embora restritivos até a Constituição de 1988, no que se refere a analfabetos e mendigos, também não garantia aos demais o exercício autônomo do voto, entendido como extensão de sua situação de dependência.

Os direitos sociais na área trabalhista foram os primeiros a ser garantidos na Constituição, sob a égide de um governo paternalista e autoritário, e ampliados num período de ditadura civil (1937-45), o que trouxe conseqüências importantes para o entendimento dessa categoria no Brasil. Deduzia-se daí ser inerente ao direito social uma característica de concessão, uma vez que ele se instituiu de cima para baixo, a partir da lógica das elites e do governo brasileiro, tendo como objetivo manter alinhados os trabalhadores com o processo de indus-

O DIREITO SOCIAL E A ASSISTÊNCIA SOCIAL...

trialização necessária ao desenvolvimento do País. Dessa forma, os direitos sociais sedimentaram-se a partir de um Poder Executivo forte, sem permeabilidade à participação popular, a não ser aquela que demonstrasse adesão ao projeto e aquela que era necessária para o sucesso do projeto de crescimento e desenvolvimento econômico, como a população rural que emigra para os centros urbanos com a ilusão de melhores condições de trabalho e vida e vê com bons olhos a cobertura insuficiente de suas necessidades, as quais eram traduzidas pelos governos como necessidades voltadas principalmente para a área alimentar. A população rural, como de resto a população pobre brasileira, era colocada na figura de receptáculo das benesses ou dos governos ou das elites brasileiras, que esperavam, como retorno, fidelidade e gratidão. Características estas avessas a qualquer iniciativa no campo dos direitos sociais.

Os governos brasileiros de 1930 a 1964 caracterizaram-se por instituir programas e benefícios na área da cidadania regulada, ou seja, apenas os trabalhadores urbanos e com contrato formal de trabalho podiam exigir o atendimento de suas necessidades, e mesmo assim isso foi feito de forma particularista e corporativista, onde as categorias que tinham mais poder de pressão também eram as que tinham melhor cobertura. O período, apesar de contar com uma ditadura civil, contou também com fortes manifestações da população, em especial no período a partir do governo Juscelino Kubitschek, o que contribuiu para a criação de um clima favorável à implementação de direitos no Brasil.

Esse clima foi cerceado pelos governos da ditadura militar, que suspenderam várias vezes os direitos civis e políticos e utilizaram os sociais como forma de garantir a governabilidade, proibindo toda e qualquer manifestação coletiva e pública, mas mantendo os direitos trabalhistas, inclusive ampliando-os para os trabalhadores rurais, que se desenvolveram na ótica individual. Nesse período, os programas assistencialistas tiveram forte apelo popular e incidiram na consolidação do campo como seara do clientelismo e do paternalismo.

A ditadura militar teve fortes rebatimentos na área dos direitos civis e políticos, cerceando-os, às vezes em parte, em outros momentos na sua quase totalidade. Tudo isso sob forte apoio de parte da sociedade brasileira, que, herdeira de um sistema repressor, paternalista e autoritário no campo dos direitos, absorveu esse período, inicialmente, como necessário ao desenvolvimento social e econômico brasileiro.

No curso do esgotamento dos governos militares, foi enunciada e promulgada a Constituição de 1988, produto de um processo de disputas democráticas com participação popular, que gestou um texto constitucional ambíguo, extremamente avançado do ponto de vista conceitual, mas restritivo do ponto de vista da ordem econômica, que manteve os princípios já enunciados nos outros textos constitucionais. O avanço central no texto constitucional está alicerçado no deslocamento do campo particular para a universalização dos direitos, não mais centrados nos méritos, mas nas necessidades sociais.

A Constituição de 1988 foi promulgada em uma realidade onde os compromissos do país do ponto de vista econômico estavam em sentido contrário a suas determinações. Se o texto impõe um Estado responsável pelas políticas da seguridade social, os compromissos indicam a saída do Estado desse campo, encaminhando-o ou para a ótica privada ou para a filantropia. Foi nesse embate que a assistência social adquiriu o *status* de política social pública, afiançadora de direitos.

Como garantir esses conceitos em uma área tão permeada por noções cristalizadas de atributos que se constituem em antidireitos? Como pensar em protagonismo para uma população que, por muito tempo, não pôde sequer exercer o direito político mais elementar, que é o do voto, uma vez que os mendigos e os analfabetos não estavam autorizados a votar por muitos anos, só adquirindo esse direito em 1988? Como exigir que o critério das necessidades sociais seja prioritário frente ao da rentabilidade econômica, como quer a Loas?

Certamente, a Loas representa uma conquista importante no terreno da assistência social. Por fim, os legisladores referendaram esse como sendo um campo do direito social, embora de forma restritiva. Porém os longos anos da história brasileira que revelam um persistente conceito tutelador e clientelista na relação instituída pela população demandatária da assistência social têm contribuído para desconstruir esse campo como do direito social. A análise das constituições brasileiras desde, principalmente, 1930, bem como dos diversos governos, com suas características populista, desenvolvimentista, autoritárias, ditatoriais, democráticas, de orientação neoliberal, demonstra que o avanço conceitual é pouco absorvido pela sociedade brasileira e que seus instrumentos legais têm referendado propostas que não encontram eco na realidade e que só serão visíveis se os espaços de participação e controle democrático forem assumidos pela população e transformados em garantidores desses direitos.

Portanto, não basta nem a existência e nem o conhecimento da lei para que a vida da população pobre seja alterada. É preciso mecanismos que confirmem o protagonismo dessa população. Só no espaço de disputa de projeto social para o país é possível equalizar a assistência social com o direito social, pois, caso contrário, estará fadada a ser compreendida como

> "Um direito cujo reconhecimento e cuja efetiva proteção podem ser adiados *sine die*, além de confiado à vontade de sujeitos cuja obrigação de executar o programa é apenas uma obrigação moral, ou, no máximo, política, pode ainda ser chamado corretamente de direito?" (Bobbio, 1992: 78)

Afirmar a assistência social como direito é tarefa de uma sociedade, e essa tarefa só pode ser realizada com a presença forte de toda essa sociedade, disputando, nos marcos do capitalismo, a ampliação da fatia dos investimentos que devem ser utilizados para que os efeitos perversos da exploração do capital sobre o trabalho possam ser reduzidos. Assim, a assistência social começará a ser inscrita como direito social, produzido por uma participação ativa da população, com um Poder Executivo responsável e permeado por um controle social que definirá os caminhos a ser percorridos pela política. Os instrumentos que devem romper com a cultura assistencialista devem ser perseguidos por todos aqueles que lutam, na sociedade brasileira, pela justiça social. Apesar de herdeiros de um passado crivado de preconceitos e de instrumentos autoritários na área social, também é possível identificar movimentos de rebeldia e de contraposição a esse passado, o que credencia a sociedade brasileira a tornar a assistência social uma equação possível com o direito social.

Bibliografia

ALVES, J. A. "Direitos humanos, cidadania e globalização". *Lua Nova Revista de Cultura e Política*, São Paulo, n° 50, Cedec, 2000.

ANDERSON, P. "Balanço do neoliberalismo". In: SADER, E. & GENTILI, P. (orgs.). *Pós-neoliberalismo: As políticas sociais e o Estado democrático*. Rio de Janeiro, Paz e Terra, 1995.

ANTUNES, R. *Adeus ao trabalho? Ensaio sobre as metamorfoses e a centralidade do mundo do trabalho*. São Paulo, Cortez/Unicamp, 1995.

ARAÚJO, J. *Voluntarismo e solidarismo na execução da assistência social no Brasil — 1942 a 1995*. Tese de Doutorado em Serviço Social, Programa de Pós-Graduação em Serviço Social, Faculdade de Serviço Social, Pontifícia Universidade Católica do Rio Grande do Sul, Porto Alegre, 2002.

BATISTA, P. N. et al. *Em defesa do interesse nacional: Desinformação e alienação do patrimônio público*. Rio de Janeiro, Paz e Terra, 1994.

BOBBIO, N. *A era dos direitos*. Rio de Janeiro, Campus, 1992.

BOBBIO, N.; MATTEUCCI, N. & PASQUINO, G. *Dicionário de política*. Brasília, UNB, 1992.

BOSCHETTI, I. *Assistência Social no Brasil: Um direito entre originalidade e conservadorismo*. Brasília, UNB, 2001.

BRASIL. Constituição (1988). *Constituição da República Federativa do Brasil*. Brasília, Senado, 1988.

CADEMATORI, S. *Estado de direito e legitimidade: Uma abordagem garantista*. Porto Alegre, Livraria dos Advogados, 1999.

CALLAGE NETO, R. *A cidadania sempre adiada: Da crise de Vargas em 54 à era Fernando Henrique*. Ijuí, Editora Unijui, 2002.

CAMPANHOLE, A. & COMPANHOLE, H. *Constituições do Brasil*. 7. ed. São Paulo, Atlas, 1984.

CARDOSO DE MELLO, J. M. *O Capitalismo tardio*. 8. ed. São Paulo, Brasiliense, 1990.

CARDOSO, F. H. "Reforma e imaginação". In: BATISTA *et al*. *Em defesa do interesse nacional: Desinformação e alienação do patrimônio público*. 3. ed. Rio de Janeiro, Paz e Terra, 1994.

CARNOY, M. *Estado e teoria política*. 4. ed. Campinas, Papirus, 1994.

CARONE, E. *Brasil anos de crise 1930-1945*. São Paulo, Ática, 1991.

CARVALHO, J. M. *Cidadania no Brasil. O longo caminho*. 2. ed. Rio de Janeiro, Civilização Brasileira, 2002.

CARVALHO, R. de Q. & SCHMITZ, H. "O fordismo está vivo no Brasil". *Novos Estudos Cebrap*. São Paulo, CEBRAP, n. 27, 1990.

CASTEL, R. *As metamorfoses da questão social: Uma crônica do salário*. Petrópolis, Vozes, 1998.

CHAUI, M. "Neoliberalismo e universidade". In: OLIVEIRA, F. & PAOLI, M. C. (orgs.). *Os sentidos da democracia. Políticas do dissenso e hegemonia global*. Petrópolis, Vozes, 1999.

_____. *Brasil: mito fundador e sociedade autoritária. História do povo brasileiro*. São Paulo, Fundação Perseu Abramo, 2000.

COELHO, J. G. *A constituição brasileira de 1988. Definições e desafios*. Brasília, Inesc, Relatório, out. 1988. Mimeo.

COHN, A. "Saúde na Previdência Social e na Seguridade Social: Antigos estigmas e novos desafios". In: COHN, A. & ELIAS, P. *Saúde no Brasil. Políticas e organizações de serviços*. São Paulo, Cortez/Cedec, 1999.

COIMBRA, M. A. "Será que o marxismo responde à pergunta de como surgem as políticas sociais?" In: ABRANCHE, S. *et al. Política social e combate à pobreza*. Rio de Janeiro, Zahar, 1987.

COMPARATO, F. K. "A nova cidadania". *Lua Nova Revista de Cultura e Política*. São Paulo, n. 28-29, Cedec, 1993.

COMPARATO, F. K. "Réquiem para uma Constituição". In: LESBAUPIN, I. (org.). *O desmonte da nação. Balanço do governo FHC*. 2. ed. Petrópolis, Vozes, 1999.

CONSELHO REGIONAL DE SERVIÇO SOCIAL. 10ª Região. *Coletânea de leis*. Cress SER. Gestão 1996-99. Porto Alegre, RML Gráfica.

CORSI, F. L. *Estado Novo: Política externa e projeto nacional*. São Paulo, Unesp/Fapesp, 2000.

COUTINHO, C. N. *Contra a corrente: Ensaios sobre a democracia e socialismo*. São Paulo, Cortez, 2000.

D'ARAUJO, M. C. *O segundo governo Vargas 1951-1954*. 2. ed. São Paulo, Ática, 1992.

DALLARI, D. "Sociedade, Estado e direito: Caminhada brasileira rumo ao século XXI". In: MOTA, C. G. (org.). *Viagem incompleta: A experiência brasileira (1500-2000): a grande transação*. São Paulo: Senac/SP, 2000.

_____. *Elementos de teoria geral do Estado*. São Paulo, Saraiva, 2001.

DEDECCA, C. S. "Política social e política econômica". In: *Teoria e Debate*. Revista Trimestral da Fundação Perseu Abramo, São Paulo, ano 15, n. 50, fev./mar./abr. 2002.

DIAZ, J. R. *Estado social y derecho de prestación*. Madri, Centro de Estudios Constitucionales, 1989.

DINIZ, E. "Em busca de um novo paradigma: A reforma do Estado no Brasil dos anos 90". *São Paulo em Perspectiva*. Revista da Fundação Seade, São Paulo, v. 10, n. 4, out.-dez. 1996.

DRAIBE, S. "O redimensionamento das políticas sociais segundo a perspectiva neoliberal". In: *Caderno Técnico do Sesi*. Brasília, CNI/SESI/DN, 1990.

_____. *Brasil: O sistema de proteção social e suas transformações recentes*. Série Reformas de Política Pública, n. 14. Santiago do Chile: Cepal/Naciones Unidas, 1993.

ESPING ANDERSEN, G. "As três economias do *Welfare State*". In: *Lua Nova Revista de Cultura e Política*. São Paulo, n. 24, Marco Zero/Cedec, 1991.

FAGNANI, E. "Ajuste econômico e financiamento da política social brasileira: Notas sobre o período 1993/98". *Economia e Sociedade*. Campinas, n. 13, dez. 1999.

FALEIROS, V. *A política social do estado capitalista* . 6. ed. São Paulo, Cortez, 1991.

_____. *O trabalho da política*: Saúde e segurança dos trabalhadores. São Paulo, Cortez, 1992.

FARIA, J. E. "A eficácia do direito na consolidação democrática". In: *Lua Nova Revista de Cultura e Política*. São Paulo, n. 30, Marco Zero, 1993.

FARIAS, M. E. M. de. "As ideologias e o direito: Enfim, o que é direito?". In: SOUZA JÚNIOR, J. G. (org.). *Experiências populares de criação de direito e construção da cidadania no Brasil*. 4. ed. Brasília, UNB, 1993.

FAUSTO, B. "A Revolução de 30". In: MOTA, C. G. (org.). *O Brasil em perspectiva*. 20. ed. Rio de Janeiro, Bertrand do Brasil, 2001.

FERNANDES, F. *A Revolução Burguesa no Brasil*. 3. ed. Rio de Janeiro: Zahar, 1987.

FERRAJOLI, L. "O Direito como sistema de garantias". In: OLIVEIRA JR., J. A. *O novo em direito e política*. Porto Alegre, Livraria dos Advogados, 1997.

FIORI, J. L. *Em busca do dissenso perdido: Ensaios críticos sobre a festejada crise do Estado*. Rio de Janeiro, Insight, 1995a.

_____. *O vôo da coruja: Uma leitura não liberal da crise do Estado desenvolvimentista*. Petrópolis, UERJ, 1995b.

_____. *Os moedeiros falsos*. 4. ed. Petrópolis, Vozes, 1998.

_____. "Para um diagnóstico da 'Modernização' Brasileira". In: FIORI, J. L. & MEDEIROS, C. (orgs.). *Polarização mundial e crescimento*. Petrópolis, Vozes, 2001.

_____. "Um novo país é possível — entrevista à jornalista Cíntia Moscovich". *Zero Hora*, Porto Alegre, 18 jan. 2003. Caderno de Cultura.

FIORI, J. L. & TAVARES, M. C. *Poder e dinheiro: Uma economia política da globalização*. Petrópolis, Vozes, 1997.

FLEURY, S. *Estado sem cidadãos. Seguridade social na América Latina*. Rio de Janeiro, Fiocruz, 1994.

FLICKINGER, H. G. "O direito de cidadania. Uma faca de dois gumes". *Véritas*, Porto Alegre, v. 3, PUC-RS, 1998.

FRANCISCO, E. M. & CARDOSO, I. C. "As políticas sociais empresariais e as novas tecnologias de gerenciamento de recursos humanos". *Serviço Social & Sociedade*, São Paulo, n. 1, Cortez, 1993.

FUNDAÇÃO DE ECONOMIA E ESTATÍSTICA (FEE). *A política social brasileira 1930-1964. A evolução institucional no Brasil e no Rio Grande do Sul*. Porto Alegre, FEE, 1983.

GARCIA, Maria. *As possibilidades da política. Idéias para a reforma democrática do Estado*. Rio de Janeiro, Paz e Terra, 1998.

GERMANO, J. W. *Estado militar e educação no Brasil (1964-1985)*. São Paulo, Cortez, 1993.

GERSCHMAN, S. & VIANNA, M. L. (orgs.). *A miragem da pós-modernidade: Democracia e políticas sociais no contexto da globalização*. Rio de Janeiro, Fiocruz, 1997.

GOMES DA COSTA, A. C. *De menor a cidadão*. Brasília, Centro Brasileiro para Infância e Adolescência, Ministério da Ação Social, 1991.

GOMES, A. L. *O benefício de prestação continuada: Um direito da assistência social — Uma tradução imperfeita?* Dissertação de mestrado — Programa de Pós-Graduação em Serviço Social, Faculdade de Serviço Social, Pontifícia Universidade Católica de São Paulo, São Paulo, 2001.

GONÇALVES, R. "Distribuição de riqueza e renda: Alternativa para a crise brasileira". In: LESBAUPIN, I. (org.). *O desmonte da nação. Balanço do governo FHC*. 2. ed. Petrópolis, Vozes, 1999.

GUIMARÃES, D. "As políticas sociais no Brasil: Uma análise histórica". *Cadernos Técnicos do Sesi*. Brasília, CNI/Sesi/DN, 1990.

HABERT, N. *A década de 70. Apogeu e crise da ditadura militar brasileira*. 3. ed. São Paulo, Ática, 1996.

HAFFNER, J. *A Cepal e a industrialização brasileira (1950-1961)*. Porto Alegre, EDIPUCRS, 2002.

HARVEY, D. *A condição pós-moderna*. São Paulo, Loyola, 1992.

HOBSBAWM, E. *Era dos extremos. O breve século XX, 1914-1991*. São Paulo, Companhia das Letras, 1995.

IAMAMOTO, M. V. "Apresentação". In: MENEZES, M. T. *Em busca da teoria: Políticas de assistência pública*. São Paulo, Cortez, 1993a.

_____. "Ensino e pesquisa no Serviço Social: Desafios na construção de um projeto de formação profissional". *Caderno ABESS*, São Paulo, n. 6, Cortez, 1993b.

_____. *O Serviço Social na contemporaneidade: Trabalho e formação profissional*. São Paulo, Cortez, 1998.

KOWARICK, L. "Processo de desenvolvimento do Estado na América Latina e políticas sociais". *Revista Serviço Social & Sociedade*, São Paulo, n. 17, Cortez, 1985.

LAFER, C. *A reconstrução dos direitos humanos: Um diálogo com o pensamento de Hannah Arendt*. São Paulo, Companhia das Letras, 1988.

LESBAUPIN, I. (org.). *O desmonte da nação. Balanço do governo FHC*. 2. ed. Petrópolis, Vozes, 1999.

LESSA, C. *Quinze anos de política econômica*. São Paulo, Brasiliense, 1981.

LOVE, J. "A República brasileira: Federalismo e regionalismo (1889-1937)". In: MOTA, C. G. (org.). *Viagem incompleta. A experiência brasileira (1500-2000). A grande transação*. São Paulo, Senac, 2000.

LYRA FILHO, R. "Direito e lei". In: SOUZA JÚNIOR, J. G. (org.). *Introdução à crítica do direito*. 4. ed. Brasília, UNB, 1993.

MANTEGA, G. *A economia política brasileira*. 5. ed. Rio de Janeiro, Vozes, 1990.

MARSHALL, T. H. *Cidadania, classe social e status*. Rio de Janeiro, Zahar, 1967.

MATTOSO, J. "Produção e emprego: Renascer das cinzas". In: LESBAUPIN, I. (org.). *O desmonte da nação. Balanço do governo FHC*. 2. ed. Petrópolis, Vozes, 1999.

MERQUIOR, J. G. *O liberalismo antigo e moderno*. 2. ed. Rio de Janeiro, Nova Fronteira, 1991.

MOLLO, M. C. & SILVA, M. L. "Política econômica na Nova República: do keynesianismo apologético ao liberalismo cego". *Cadernos Ceam/Neppos*. Brasília, UNB, ano 1, n. 1, 1988.

NETTO, J. P. "FHC e a política social: Um desastre para as massas trabalhadoras". In: LESBAUPIN, I. (org.). *O desmonte da nação. Balanço do governo FHC.* 2. ed. Petrópolis, Vozes, 1999.

NOGUEIRA, M. "A dialética estado/sociedade e a construção da seguridade social pública". *Cadernos Abong,* s/d., n. 30, nov. 2001.

NOGUEIRA, M. A. *As possibilidades da política. Idéias para a reforma democrática do Estado.* São Paulo, Paz e Terra, 1998.

NOVAIS, F. "O Brasil nos quadros do antigo sistema colonial". In: MOTA, C. G. (org.). *Brasil em perspectiva.* 20. ed. Rio de Janeiro, Bertrand Brasil, 2001.

OFFE, C. "Estado de bem-estar e desemprego". *Trabalho e sociedade,* Rio de Janeiro, v. II, Tempo Brasileiro, 1991.

OLIVEIRA, F. *Atividade programada: A economia política do Welfare State.* Programa de Estudos Pós-Graduados em Ciências Sociais, PUC-SP, São Paulo, 1998. Mimeo.

OLIVEIRA, F. & PAOLI, M. C. (orgs.). *Os sentidos da democracia. Políticas do dissenso e hegemonia global.* 2. ed. Petrópolis, Vozes, 1999.

OLIVEIRA. I. R. "Sociabilidade e direito no liberalismo nascente". *Lua Nova Revista de Cultura e Política.* São Paulo, n. 50, Cedec, 2000.

PAIVA, B. A. *A assistência como política social. Uma contribuição ao estudo da Lei Orgânica da Assistência Social.* Dissertação de mestrado, Programa de Mestrado da Universidade Federal do Rio de Janeiro. Rio de Janeiro, 1993.

PAOLI, M. C. & TELLES, V. "Direitos sociais. Conflitos e negociações no Brasil contemporâneo". In: ALVAREZ, S.; DAGNINO, E. & ESCOBAR, A. (orgs.). *Cultura e política nos movimentos sociais latino-americanos. Novas Leituras.* Belo Horizonte, UFMG, 2000.

PEREIRA, P. A. "A questão do bem-estar do menor no contexto da política social brasileira". *Revista Serviço Social.* São Paulo, n. 27, Cortez, out. 1988.

_____. *A assistência social na perspectiva dos direitos: Crítica aos padrões dominantes de proteção aos pobres no Brasil.* Brasília, Thesaurus, 1996.

_____. "A política social no contexto da seguridade social: a particularidade da assistência social". *Revista Serviço Social & Sociedade.* São Paulo, n. 56, Cortez, 1998.

PEREIRA, P. A. *Necessidades humanas. Subsídios à crítica dos mínimos sociais*. São Paulo, Cortez, 2000.

_____. "Política de assistência social no Brasil: avanços e retrocessos". *Cadernos do Centro de Estudos Avançados Multidisciplinares — Ceam/ UNB*. Brasília, ano III, n. 11, out. 2002.

PISÓN, J. M. *Políticas de Bienestar. Un estudio sobre los derechos sociales.* Madri, Tecnos, 1998.

PRADO JÚNIOR, C. *A revolução brasileira.* São Paulo, Brasiliense, 1966.

QUIRINO, C. & MONTES, M. L. *Constituições brasileiras e cidadania.* São Paulo, Ática, 1987.

_____. *Constituições.* 2. ed. São Paulo, Ática, 1992.

RAICHELLIS, R. *Esfera pública e conselhos de assistência social: Caminhos da construção democrática.* São Paulo, Cortez, 1998.

REIS, C. N. & PRATES, J. (orgs.). *Fragmentos de uma metrópole. Meninos e meninas em situação de rua.* Porto Alegre, EDIPUCRS, 1999.

REIS, Carlos Nelson dos. "A economia brasileira em rota de real (Idade): Mudanças, definições e reformulações". *Indicadores Econômicos FEE: Análise conjuntural.* Porto Alegre, v. 25, n. 2, 1997.

ROSANVALLON, P. *La nueva cuestión social: Repensar el Estado providencia.* Buenos Aires, Manantial, 1995.

_____. *A crise do Estado providência.* Goiânia, Editora da UFG, 1997.

ROUANET, S. P. *Mal-estar na modernidade: Ensaios.* São Paulo, Companhia das Letras, 1993.

SADER, E. *Século XX: Uma biografia não-autorizada. O século do imperialismo.* São Paulo, Fundação Perseu Abramo, 2000.

SADER, E. & GENTILI, P. (org.). *Pós-neoliberalismo: As políticas sociais e o Estado democrático.* Rio de Janeiro, Paz e Terra, 1995.

SALLUM JR., B. "O Brasil sob Cardoso: Neoliberalismo e desenvolvimento. Tempo social". *Revista de Sociologia da Universidade de São Paulo.* São Paulo, v. 11, n. 2, out. 1999.

SANDRONI, P. *Dicionário de economia.* São Paulo, Nova Cultural, 1992.

SANTOS, B. S. "Uma concepção multicultural de direitos humanos". *Lua Nova Revista de Cultura e Política.* São Paulo, n. 39, Cedec, 1997.

SANTOS, W. G. *Cidadania e justiça*. Rio de Janeiro, Campus, 1979.

_____. "Globalização: Convergências e exclusões". In: OLIVEIRA, F. & PAOLI M. C. (orgs.). *Os sentidos da democracia: Políticas de dissenso e hegemonia global*. Rio de Janeiro, Vozes, 1999.

SARLET, I. W. *A eficácia dos direitos fundamentais*. Porto Alegre, Livraria dos Advogados, 2001.

SCHWARZ, R. *Ao vencedor as batatas*. 2. ed. São Paulo, Livraria Duas Cidades, 1981.

SINGER, P. "A raiz do desastre social: A política econômica de FHC". In: LESBAUPIN, I. (org.). *O desmonte da nação. Balanço do governo FHC*. 2. ed. Petrópolis, Vozes, 1999.

SOARES, L. T. "Os custos sociais do ajuste neoliberal na América Latina". São Paulo, Cortez, 2000. (Coleção *Questões da Nossa Época*)

SOLA, L. "O golpe de 37 e o Estado Novo". In: MOTA, C. G. (org.). *O Brasil em perspectiva*. 20. ed. Rio de Janeiro, Bertrand do Brasil, 2001.

SORJ, B. *A nova sociedade brasileira*. Rio de Janeiro, Zahar, 2000.

SOUZA FILHO, C. F. "Os direitos invisíveis". In: OLIVEIRA, F. & PAOLI, M. C. *Os sentidos da democracia: Políticas de dissenso e hegemonia global*. 2. ed. Petrópolis, Vozes, 1999.

SOUZA JÚNIOR, J. G. (org.). *Introdução à crítica do direito*. 4. ed. Brasília, UNB, 1993.

SPOSATI, A. *et al. Assistência na trajetória das políticas sociais brasileiras*. 3. ed. São Paulo, Cortez, 1987.

_____. *Os direitos (dos desassistidos) sociais*. São Paulo, Cortez, 1989.

_____. "Conjuntura da assistência social brasileira". *Cadernos Abong*, s/d., n. 19, out. 1997.

TELLES, V. *Direitos sociais. Afinal do que se trata?* Belo Horizonte, UFMG, 1999.

THERBORN, G. "A trama do neoliberalismo: Mercado, crise e exclusão social". In: SADER, E. & GENTILI, P. (orgs.). *Pós-neoliberalismo. As políticas sociais e o estado democrático*. Rio de Janeiro, Paz e Terra, 1995.

VARGAS, N. "Gênese e difusão do taylorismo no Brasil". *Ciências Sociais Hoje*, São Paulo, Cortez, 1985.

VIANNA, M. L. "As armas que abateram a seguridade social". In: LESBAUPIN, I. (org.). *O desmonte da nação. Balanço do governo FHC.* 2. ed. Petrópolis, Vozes, 1999.

_____. Política *versus* economia: Notas (menos pessimistas) sobre globalização e Estado de bem-estar. In: VIANNA, M. L. *A miragem da pós-modernidade: Democracia e políticas sociais no contexto da globalização.* Rio de Janeiro, Fiocruz, 1997.

VIEIRA, E. *Estado e miséria social no Brasil: de Getúlio a Geisel.* 4. ed. São Paulo, Cortez, 1995.

_____. "As políticas sociais e os direitos sociais no Brasil: Avanços e retrocessos". *Serviço Social & Sociedade,* n. 53, São Paulo, Cortez, 1997.

_____. "Brasil: do golpe de 1964 à redemocratização". In: MOTA, C. G. (org.). *Viagem incompleta: A experiência brasileira (1500-2000): a grande transação.* São Paulo, Senac, 2000.

VIOTTI DA COSTA, E. "Introdução ao estudo da emancipação política". In: MOTA, C. G. (org.). *Brasil em perspectiva.* 20. ed. Rio de Janeiro, Bertrand Brasil, 2001.

YAZBEK, M. C. *Classes subalternas e assistência social.* São Paulo, Cortez, 1993.

_____. "A política social brasileira nos anos 90: A refilantropização da questão social". *Cadernos Abong/CNAS,* São Paulo, Abong, 1995.

_____. "Globalização, precarização das relações de trabalho e seguridade social". *Cadernos Abong,* s/l., n. 19, out. 1997.

_____. "Assistência social brasileira: Limites e possibilidades na transição do milênio". *Cadernos Abong,* s/l., n. 30, nov. 2001.